人们常说保险是伟大的，但如果保险只是做一点医疗费用报销或者是分红投资，说伟大就太牵强了。如果保险可以让一个人获得更多生存可能、获得生的希望，说伟大才说得过去。

——丁云生

重疾革命

丁云生 著

中国书籍出版社
China Book Press

图书在版编目（CIP）数据

重疾革命 / 丁云生著. —北京: 中国书籍出版社,
2016.2

ISBN 978-7-5068-5382-8

Ⅰ.①重… Ⅱ.①丁… Ⅲ.①医疗保险 – 研究 – 中国
Ⅳ.①F842.684

中国版本图书馆CIP数据核字（2016）第021154号

重疾革命

丁云生 著

责任编辑	李 静	
责任印制	孙马飞 马 芝	
封面设计	王 雷	
出版发行	中国书籍出版社	
地 址	北京市丰台区三路居路 97 号（邮编：100073）	
电 话	（010）52257143（总编室）	（010）52257153（发行部）
电子邮箱	eo@chinabp.com.cn	
经 销	全国新华书店	
印 刷	中煤（北京）印务有限公司	
开 本	710 mm × 1000 mm　1 / 16	
字 数	220 千字	
印 张	18.75	
版 次	2016 年 2 月第 1 版　2016 年 2 月第 1 次印刷	
书 号	ISBN 978-7-5068-5382-8	
定 价	100.00 元	

序　一

　　阅读《重疾革命》，不得不提《重疾不重》，因为如果没有《重疾不重》一书的传播，也不会有《重疾革命》的问世。其实想想，任何一项事业的发扬光大，一定会有这个过程，这既是从量变到质变的积累，也是从 0 到 1 的颠覆式的变化。我最早接触到本书作者是在 2013 年 12 月，时值丁老师的第一本专著《重疾不重》问世，当时读后让人感想颇深。作者本身的经历，是该书的重要背景；身后的团队，是将疾病防治理念从"重疾不重"延伸至"重疾革命"的推动力。

　　1. 生命。一生一定会有重疾的那一天，只要你足够长寿。如何正确面对？即如何给自己一份足额的健康保障？人生有涯，生命终有终结的一天，所以，重疾不可避免，也毋需回避，常见的倒是老年人刻意回避死亡，高寿的亲人畏惧生命的终结，心态成了老小孩，身边不乏这样的例子。作者传播的医学知识不落旧套，且让人信服，也让我深有同感，过度治疗是现行国内医院体制下的弊端，小病大治，小病被手术……只有深深谙知医院体制且足够智慧的人，才能给出健康之道最科学的见解。求人不如求己，及早给自己一个警示，身体早日修行吧，健康是最主要的。

　　2. 报酬。一生一定有退休的那一天，只要你足够长寿。如何及早规划财富生涯，给自己一份财富的保障？这是现代观念的理财。人生就像海上的波涛，有潮起潮落，财富的积累、报酬的获得是抛物线。书中的"财富人生图"很形象，在我看来，重疾之后的财富获取下降趋势连抛物线也不如，倒是倾斜的直线呢。我们需要未雨绸缪，如果收入源自工作而不是投资，那么职业生涯的规划应及早进行。在《重疾革命》一书中，可以看到丁老师的团队中有更多的年轻人的新面孔，我相信，未来会有更多的新面孔加入这个团队，将一个人做的事情变成一个团体投入的事业。

3. 享受。一生一定有无福消受的那一天，只要你足够长寿，哪怕是你健康，报酬不成问题，也未必有享受的能力，抑或保有财富生活的能力。积累财富给后代本质上是给后代上保险，普世观念却往往事与愿违，富不过三代成了规律。如何及早让自己的享受能力长上隐形的翅膀？这个要从无字句处读书，细心领悟。读书，我喜欢关注书中的细节，细节彰显真情实感，"善恶若不报，乾坤必有私"，星云大师的这句教诲颇有深意。体会书中的实践情节，有助于理解信仰的概念是广泛的，认识自我"千古长夜一明灯"，须修行在个人。

纸上得来终觉浅，绝知此事要躬行。从《重疾不重》到《重疾革命》，虽都是写给保险人员的业务书籍，但是，我却从中看到了构建团队的营销心得。从作者真实的心路历程，到团队的协同作战，给人的启迪之处颇多：

1. 做人有信仰。如果从事为大众服务的工作，信仰才是持续动力的加油站，所以，先问问你自己有没有信仰，方能确定是否能够胜任这份工作，保险人、医生、教师、律师，一切面对大众的工作皆然。这里的信仰是广义的，内心喜欢也可以是信仰的一种。医者仁心，要怀有一颗博爱的心，做保险是修行，信仰也是做人一世的修行。

2. 做事讲诚信。拓展你的事业，从信任你的人开始，而不是你信任的人开始。衡量的标准可以是"既予与人，己愈有"，你能帮助到他人，才值得他人信任，而不是先索取，这和"己所不欲勿施于人"的理念相吻合。一贯的诚信，才是立身之本，因为面对急功近利，诚信是稀缺资源，尤其是为大众服务。

3. 赚钱等缘分。核心就是要遵循因果论（"从哪里来回哪里去"）。空洞的说教让人反感，脱离物质利益是无本之木，钱可以是衡量是否成功的简单的标准。从某种意义上讲，事业等于赚钱，赚钱也等于成功，成功也是幸福的一种。不存在绝对的成功，个人价值的最大化就是成功，任何成功不存在可以复制一说，创新才是人生的主题。拓展业务还是从自己的基础范畴做起。

"创新就是创造性的破坏"，从 0 到 1 加速颠覆式创新。《重疾革命》从个人的努力耕耘到团队的协同作战，与读者共同分享作者三年五百场的演讲心得，我挺受感动的，我自己一年偶尔也做一两次的培训，但是做一天讲座下来，会感到很疲惫，所以，五百场，一定有与众不同的体会。

人到中年，已经是人生下半场，忙碌的人、喜欢思索的人都不约而同会问问自己内心：还要像以前那么忙忙碌碌吗？什么事对我最重要？人生后半段的时间要做哪些事？有一句话让我印象深刻，"活着就是最大的成功！"无疑，每个人的人生下半场首要使命就是健康地活着。解读《重疾革命》，直面一生最重要的三样东西，及早给自己准备好足额的健康、财富和享受美好生活的保障，这才是《重疾革命》诠释给普通人的意义所在。我们每个人都需要免却重疾的后顾之忧，问问你自己，而立的你，抑或不惑的你，甚至知天命的你，直面过这个问题吗？

感谢云生老师及其团队的努力，让《重疾革命》得以成稿，也期待有更多的读者，与我能有相同的感受和不一样的共鸣！

侯世栋（律师　北京市广盛律师事务所）

序 二

（按姓氏排序）

从事保险事业近 20 年，也读过很多关于保险的书，如果让我马上说出一本好书的书名，那一定就是丁云生先生的《重疾不重》这本著作。

老丁是从 AIA 的 Agent 开始保险之路的，在中国的政治中心与经济中心，北京和上海一线市场都有过不俗的成绩。老丁了解市场，了解客户，又有专业的从医经验，通过对市场的分析，对客户保障需求的理解加上专业的医学知识，将保险销售、客户需求有机地融合在一起，创造了一条"1+1>2"的保险之路。这种跨界的融合，不单单为重大疾病这个领域带来了生机，更为中国保险营销的未来带来新的气象。

保险回归保障，这是保险的道。老丁站在保险营销角度研究大病，站在客户需求角度研究大病，站在医生的角度研究大病，进而实现保险回归保障真谛，将客户需求与保险营销有机地融合在一起，这是老丁特有的保险之术。道也许很多人都懂，但是术往往修炼得不够好。有幸在与老丁的多次交流中深深被老丁研究道的精神所感染，被老丁研究术的匠人精神所感动。

与老丁畅聊过几次，也尝试将老丁研究的"术"放到了上海的保险市场，取得了一定的效果，更看到了未来保险市场的成长方向。希望所有读过老丁这本书的人，进而理解保险的真谛，不管你是保险销售，还是对保险有需求的客户，我们一起努力将中国的保险事业推到一个新的高度。

代传江（个险总　太保上海）

丁云生在中国保险业赫赫有名。

早在几年前，未见其人，我就知道北京有位外科医生，毅然放弃手术刀，加入了保险行业。当时就觉得这份经历和鲁迅先生何其相似，暗想其为人行事定有几分先生的风骨。待后来，听了云生兄的一堂大课——《重疾险销售的七种武器》，除了感佩其作为专业人士入木三分的剖析外，更觉得这位才华横溢的同道中人，颇有侠义精神，不但敢于直面行业的痛点，更能将生老病死的智慧融入保险销售中，触动心灵，并以此开悟。

2015 年，有幸请云生兄到青岛来为我的员工授课。他更是现场分享了自己"弃医从险"的初衷。"医学只能救一个人生理的生命，但是不能救一个家庭经济的生命。""我觉得医生就是当生命受到威胁的时候，来挽救生命；而保险就是当生命还没有受到威胁时，来呵护生命。"在授课当中，他将自己的营销哲学阐释得淋漓尽致：保险是保障人创造价值的能力，并开创性地将重大疾病保险定义为工作收入损失险。得益于云生兄的助力，2015 年 5 月，太平人寿青岛分公司也创出了单月重疾险保费过亿的好成绩。

从"七种武器"到《重疾不重》，再到即将面世的《重疾革命》，透出了云生兄在多年的保险工作中，"从医到险，亦医亦险，医为险用"的心路历程。其修身修心的变化，与武侠高手的成长何其相似。更遑论，近几年他为自己所创办的"重疾 3D 训练营"上下奔走，传道授业，为中国的重疾险营销所带来的"丁氏影响"。

"为国为民，侠之大者"。相信读者在读了丁云生此书后，一定会有所启示。保险同道不但能增长重疾险销售的专业知识，更能坚定从业的信心和决心。

天若有情天亦老，人间正道是沧桑。让我们以无畏的勇气面对重疾的痛苦与无常，以无限的胸怀感谢生命的馈赠与祝福。共勉之！

董圣奇（个险总　太平青岛）

初识丁老师，是个偶然。2013年上半年，公司要推动一个关于重疾保障的新产品，因评估我们的队伍在重疾险销售方面的观念需提升，想外请一位能让队伍脑洞大开的嘉宾，销售企划部的同事推荐了丁老师，说有极好的口碑，我就同意了。因为这个重疾险产品的重要性，我自己也去了丁老师的演讲现场，当场折服。

之后，我拜读了《重疾不重》（丁老师第一本著作），就有了与丁老师的几次交往，感觉彼此非常投缘。几次神侃之后，十分佩服之外又添了几分敬仰。原因有二：

一、若从大学算起，我在保险行业已有25年的经历，丁老师是我见过的"奇葩"：保险行业里面最懂疾病与医疗的，医疗行业里最懂保险的，无出其右。这就像通常企业里，找个专业的IT人员容易，找个专业的懂业务流程的人员也容易，而要找个既懂IT又懂业务流程的人，难啰！

二、从其日常微信信息判断，丁老师肯定是航旅纵横APP中的飞行狂人——打败99%的那种。今天上午在深圳，下午在上海，明天可能就在北京了。丁老师极其所能推广的"重疾不重"理念，把重疾险的保障内涵从简单的大病医疗费用保障，扩展到保障被保险人及其家庭的经济生命，是很有现实意义的，尤其是当今之中国，适逢保险行业的发展"从行业意愿上升为国家意志"的黄金时刻，称其为中国寿险业中的重疾险"布道者"不为过。

通常一本书最多影响的是读者的学识、世界观之类，而如果读一本书有可能因观念转变从而接受重疾险，则可能是拯救一个人的生理生命乃至其家庭经济生命的大事，善莫大焉。

喜闻丁老师的第二部著作《重疾革命》将面世，受其邀，不敢推，简单写上几句，权为序。

郭钢锋（总经理 平安广西）

初识云生，他还是一名心脏外科医生，用自己的专业技能拯救着很多人的生命，同时也感受着很多家庭面临疾病时的无知和无助。今天他已经成为了一个推广"重疾不重"的培训师，此时的他要拯救的不仅是一个人的生理生命，还要用自己毕生的精力拯救更多人家庭的经济生命。因为在我们今天生活的世界中，每个人都会被压力、饮食安全、不良的生活方式、雾霾等因素影响到身体的健康指数，发生重大疾病的几率也在无形中呈现高增长和年轻化！一提疾病，很多人就会心情不好，感觉压抑和无助，但是却很少有人去提前了解和思考大病的起因和准备。

其实重疾之所以重，是因为病情严重、花费巨大；重疾之所以不重，是因为我们如果能够用科学的方式早检查、早发现、早治疗，就可以让重疾远离我们，至少会让生命继续绽放光彩；重疾之所以不重，是因为我们还可以通过购买年收入 5 ~ 10 倍保额的方式让自己在有一天罹患重疾的时刻，有一笔可以替代我们 5 ~ 10 年年收入的损失补偿费用，缓解我们的救治成本，让我们不再为钱而纠结，不会让家庭面临经济漏洞，真正可以实现为医而选，健康护航！

相信只要你静下心来认真看看这本书，一定会让你树立正确的健康管理观念和重疾保障观念。让我们远离重疾，从容面对，有一个幸福无忧的人生！

郝林（总经理　泰康大连）

爱心，是全世界都需要的。

爱心，是全人类都需要的。

不论是东方还是西方，人们都追求健康与长寿，而这两个方面都有赖于"健康与长寿"型的财务管理支撑。

当前，利率市场化全球浪潮，人民币加入 SDR，商业保险在中国的作用日益凸显，国计民生，百姓理财，风险管控，资产配置——这一切都伴随每个人的生命与生活。

丁云生先生，作为"中国重大疾病保险之父"，在与阳光人寿合作的招商银行、浦发银行、工商银行、建设银行等银行保险前线，为客户提供健康管理方面专业、专长的知识服务，获得了各大银行、广大客户的广泛赞誉。

爱心，在专业知识与先进产品的双翼下，行之更远；

爱心，在阳光人寿与商业银行的合作中，达之更阔。

祝丁先生在重大疾病保险领域，布道天下，牧远未来。

韩振武（高级经理　阳光人寿银行保险中心）

年前有幸邀请丁总给我的伙伴们和 VIP 来分享重大疾病保险，丁总用丰富的医学知识、生动的解读案例，让全场为之动容和震撼。丁总用他的《重疾不重》和亲力亲为的数百场演讲，让广大的从业者受益。我由衷钦佩丁总对重大疾病险在中国的推动和传播，期待丁总《重疾革命》的发行，相信他将带给我们对重大疾病更加深刻的认识，从而可以预先做好充分的风险防范并转嫁，让生活更加美好。

黄淑春（业务总监　渣打银行中国个人金融部华南区分支行）

有一天晚上我正在加班写材料，突然收到云生兄发给我的微信，说他编写的《重疾不重》的续集准备交稿了，让我帮他看看，提提意见，我鬼使神差地答应了。等我加完班冷静下来再仔细一想，让我这样一个外行人跟专业人士提意见，总觉得有些贻笑大方，愧不敢当。在我内心中，云生兄成功地将专业医学知识应用在保险相关的各业务领域上，在国内还无人出其右。

初识云生兄是一个偶然的机会，当时我准备"投笔从戎"，从公司的后台部门杀到公司的前台业务一线，所选择的突破口就是通过民生银行来代售重疾险产品。原因很简单，作为一个从业经验近 20 年的准专业人士，重疾险产品是客户真正需要的产品之一。当时网上正在热播"穹顶之下"；北京时常 PM2.5 爆表；我的诸多老一辈亲人因为各种重疾去见了马克思；我太太天天催我想办法移民，为了让孩子们生活在一片纯净的蓝天下——各种外部因素汇集在一起，让我决定将重疾险产品推广给更多的客户，环境改善交给政府了，但希望受到环境惩罚的时候，每个人都能获得至少是接受治疗的机会，不能因为经济问题直接放弃了原本拥有的希望。

当我把这个想法分享给周遭的同事，几乎所有的人都是一个态度，无情地打击我，都说在银行渠道销售重疾产品是一件很危险的事情，每家公司都想做，但时至今日仍然没有哪家公司能够将重疾保险在银行渠道作大范围的推广，更何况我这样的销售菜鸟了。当时我和我的团队一起刚做完行业首创的投连创新项目，不到半年干了近两百亿保费收入，大家心气很高，当时恨不得把某广告语"nothing is impossible"刻到自己额头上，觉得有挑战挺好的，这才是团队存在的价值。现在想想当时的我们是多么的无知和无畏，再回想过去半年所经历的一切，自己和团队累得用文字无法形容，所幸不辱使命。

当时公司的一位兄长宅心仁厚，看到我这么执拗，叹了口气，便推荐"重疾不重"的丁云生先生给我，说这位仁兄在这方面道行很深，可以一起探讨一下，即便我的项目会失败，丁云生先生可以让我不会那么快失败。至今我还记得这位大哥的眼神，仿佛看到了我项目失败时失魂落魄的样子。

项目开始以后，我频繁地与云生兄接触，了解"重疾不重"的思路和做法。以前我做了十几年的精算工作，负责产品开发也很多年，对于重疾险的产品开发、产品培训及市场推动也算有些经验，但当我开始真正接触"重疾不重"这套模式以后，我开始对重疾险产品有了重新的认识。以往我们无论是在产品开发还是销售环节都是假设重疾发生会怎样怎样，从来没有想过如何了解、如何预防、如何治疗等方面的内容。客户其实并不排斥保险，只是我们很多从业人员素质确实不高，在讲不清产品的情况下就乱讲，促使很多客户认为保险是骗人的。

在基本了解以后，我们开始对自己人员的培训和银行人员的培训，每次讲到"重疾不重"课程的时候，课堂纪律陡然好转，因为大家都被吓到了，于是乎学员奶茶不喝了、烟不抽了、青菜只吃新鲜的了……"重疾不重"正用这样的内容吸引着关注自身健康的人们，也在逐步改变他们的生活习惯。虽然还有很多人没有了解过"重疾不重"的内容，但并不代表他们不关注自己的健康。我们通过半年多的努力，在民生银行大力推广"百万健康家庭"活动，逐渐让银行和银行客户接受重疾险产品，并取得了良好的市场口碑。

我们最大的喜悦不是业务规模的多与少，而是在"重疾不重"观念的引导下，越来越多的人开始健康地生活。"情怀比利益更有价值！"未来我也希望和"重疾不重"继续携手，将健康生活的理念送到千家万户。

黄昍（总经理　光大永明战略发展部）

一个是出身医学世家，曾参与千台以上心脏外科手术的医生。

一个是创下"连续 100 天每天签下一张重疾险保单"销售记录的保险代理人。

这两种角色无疑都可称为业界的佼佼者，而当这两种身份归结于一个名字时，除了引人啧啧惊叹与默默唏嘘，更容易令人匪夷所思。乍看它们有着迥然不同的违和感，细分析却有着无可置疑的必然性。

因为你会发现两种角色秉持并散发着同一种特质：专业与专注。

这个名字就叫做：丁云生。

在西方，有两种职业最为人尊重：医生与牧师（神父）。前者试图拯救人的生命，后者布施人的灵魂。

王庆龙（总经理　泰康上海）

我在寿险行业十几年，从事过销售也从事过销售管理，对市场、对客户、对销售人员多少有些理解。随着信息传播的加快及各种非制式教育的普及，国民对寿险的了解、理解、接受度都在飞速提升，这是国家和民族的幸事，未来必将成为盛事。

保险是国家储备制度，所以李克强总理说是"国民经济亟需突破的重点"，马凯副总理倡导保险从业者"把保险工作当成一项崇高的事业"。但无论高层领导怎么说，目前保险市场销售的困难却是现实存在的。

保险销售不易，固然有当代国民接触保险时间太短、受益高峰期未到的原因，更与我国保险销售队伍起步较晚、起点较低有直接关系。不否认保险销售队伍中藏龙卧虎，部分销售高手已经成长为社会楷模，并开始有基层销售人员成长为人大代表，但更多的销售人员对专业的关联知识学习少也是不争的事实。

早年市场上对销售人员的称呼为"跑保险的"，大多数销售人员也曾为此不自信，但随着我国经济基础的高速积累，保险业已经成为金融业越来越重要的组成部分。现实需要与销售队伍尚未成熟的矛盾越来越明显，各家保险公司都投入巨资对销售队伍进行培训，但限于具体因素，培训内容在设置上对大多数人是"术"，只有少部分精英能接触到"道"。

如何能让500余万销售队伍快速成长为"自信、客户接受甚至欣赏"的团体，各行各业看清保险作用的精英人士都在为此努力。

作为保险购买梯次中的第一阶"重大疾病保险"，长期以来购买人数的高占比说明了它的刚需性，但销售中不能自信、专业地向客户解释疑问，理赔时因为专业知识的不对等导致产生纠纷的情况多次见诸报端。

丁老师用一个心外科大夫的专业，从保险销售人员的视角，专业但不晦涩、通俗但不误导地解读了重大疾病的发病机理、常规预防措施及医疗应对，销售人员听完之后职业崇高感陡升，客户听完之后购买保险释然。

与丁老师沟通不算多，但课倒是认真听了多次。看着自己销售队伍的成长，看着有客户因为丁老师的课程开始对保险有了正确、客观的认识，发自内心地感觉：当民族保险业发展到足以为国民经济实现理想保驾护航时，我们应该感谢所有曾经为此付出心血的人，即使默默无闻。当然，丁老师完全可以称为贡献者中的"佼佼者"。

毕竟时间、空间有限，丁老师没办法将自己所知传授给每个人。在业内人士的恳请下，写成一本《重疾革命》，将自己所知、所悟及建议悉数囊入，无论是对销售人员的内涵沉淀还是国民重疾常识的普及，都有一定价值。

谢谢丁老师对民族寿险业的每一份贡献。

谢鸿博（总经理　太平云南）

欣闻丁云生老师新作即将付梓，满心欢喜，甚是期待！

与丁老师结缘始于一次偶然的机会，那是 2012 年的一天，在参加营销团队的早会上，一位业务精英绘声绘色地分享丁老师借古龙武侠名著《七种武器》自创的"重疾险销售的七种武器"——长生剑、孔雀翎、碧玉刀、多情环、离别钩、霸王枪、拳头。其中丁老师对商业重大疾病保险和社会医疗保险的区别以及实际老百姓看病就诊等医疗现状的描述比喻形象，犀利精准，顿时觉得受益匪浅、眼前一亮！

2013 年 6 月听同事说丁老师出书了——《重疾不重》，认真研读获益良多，由衷感动于丁老师放弃北京心血管外科医生工作投身保险事业的勇气；感动于丁老师对重大疾病保险百天百单的坚持；更加感动于丁老师放弃百人销售团队投身重大疾病保险领域的深水区，通过普及重大疾病的形成原因、经济危害、财富损失等理念，带动更多保险销售人员一起深入推进商业重大疾病保险覆盖面的深度和广度！正如中国保监会面向全国人民打出的公益广告词：保险也许改变不了今天的生活，但是却可以防止将来的生活被改变！而今天，通过重大疾病保险的深入推广，更多的人了解到，即使我们今天改变不了未来重大疾病的发生，但是却可以防止未来由于发生重大疾病而让一个家庭的经济生活被改变！特别是丁老师自创的"丁氏销售重疾险的七种武器"和"财富人生图"，让我这名进入人寿保险行业十多年的老兵如获至宝。丁老师凭借自己从医的工作经验，对重大疾病保险独特视角的解读，使《重疾不重》一书成为了我日常重大疾病保险销售管理工作中不可或缺的参考工具。

直到 2014 年元月时，我通过朋友圈得知丁老师离开产品研发平台，开始致力于打造全新的重大疾病防护产业链，再次向重大疾病保险事业的深水区进发——"重疾险 3D 训练营"即将正式招生，即组织保险销售人员开展为期三天的全方位立体式的封闭训练，通过进驻北京、上海、广州三大医疗资源优质城市的三甲医院，零距离接触知名医学专家教授学者，深入了解学习常见重大疾病的发病原因、形成过程、危害程度、存活率、生存质量等医学专业知识，以期破解大家多年来对重大疾病的恐惧心理和侥幸心理，提升销售人员重大疾病保险的销售能力，间接地造福更多的中国家庭。

通过《重疾不重》一书对丁老师的认知和敬仰，加之"重疾险 3D 训练营"模式新颖、贴近销售一线实战，于是毫不犹豫地带着团队一行几十人直奔广州，全体自费参加了第二期训练营，进而才有了机会第一次和丁老师坐下来促膝畅谈。丁老师十分健谈，思维清楚，观点清晰，对重大疾病防护事业亦有着极其长远的眼光和思路。三天的训练和接触意犹未尽，还有幸结实了广州南方医科大学的几位专家学者，并重新整理了重大疾病保险销售工作的开展方向。作为一名保险销售人员，只有先深层次地了解什么是重大疾病，才能真正了解重大疾病保险的设计原理和条款内容，进而才能更加深入地了解客户对重大疾病保险的需求并非只是简单的医疗费用，更涵盖了长期的经济收入损失，切实地有方向性地提升自己的专业知识和技能，更好地服务客户，为更多的家庭提供全方位健全的大病防护保障方案！其中训练营在 WHO 顾问委员会提出的针对重大疾病如何提前预防、消除病因、如何早发现早诊断早治疗、如何问诊就医、获得优质医疗资源、康复治疗、提高生活质量、延长生存期的三级预防理论基础上，特别增加了如何通过重大疾病保险解决财富积累损失的大病四级防护理念，使人受益匪浅！

纸上得来终觉浅，绝知此事要躬行。学习归来，参训学员对重大疾病保险销售的理念越来越清晰，客户对大病四级防护理念越来越认同，很快就在团队中带来了销售上的突破。团队发展历史上首张 500 万保额的大病保单顺利生效，100 万、200 万、300 万保额的重大疾病保单接踵而至，作为第一批吃螃蟹的人有了实际效益，很快带动了团队中更多的销售伙伴加入到"重疾险 3D 训练营"

中来，使得两年间一共 3 批超过 100 人自费参加了训练营，为团队的重大疾病保险销售带来了强有力的技术支撑。

时光荏苒，在短短两年时间里，"重疾险 3D 训练营"已经连续在北上广召开了几十期培训班，"重疾不重"管理团队也在日益发展壮大。丁老师本人为了能够影响更多的保险销售人员，防止更多的家庭由于重大疾病而导致经济生活被改变，一年大部分时间都在全国各地受邀演讲"重疾不重"的理念，成了名副其实的"空中飞人"，平时难得见上一面。如今，对人生有要求、有理想、想做一番事业的丁老师通过 3D 训练营的连续运作，以及对巡回演讲的思路总结，三年磨一剑，终于酿成新作《重疾革命》。此书更加深入直观地阐述了重大疾病保险销售市场的现状、需求和变化。相信丁老师的此本著作必将为全国每一个家庭的健康生活、大病预防以及经济保障带来深远而长久的影响！无论是保险从业人员，亦或是保险消费者，此本著作都会极具参考价值。

致敬中国重疾险之父——丁云生老师！

信明（总经理　国寿深圳蛇口）

2013 年 4 月，初识丁云生先生，彼时我已在寿险行业工作了十余载。宁夏地处祖国大西北，信息资源相对落后，丁先生甚是好奇我是如何关注到他和他的团队。作为一名寿险人，我一直关注行业前沿发展方向，关注活跃在寿险业一线的知名人士和优秀团队，丁先生和他的团队在重疾险方面的经验成果深深地吸引了我。

我深知重疾险对于社会和家庭，特别是那些自身收入无法抵御疾病治疗成本的家庭的重大意义。我们寿险人拼命地工作，希望通过我们的努力唤醒老百姓对于重疾险的正确认知，同时也希望越来越多的家庭能够生活在保险的庇护下。但是，我们中有很多人深谙客户的偏好，喜欢介绍理财险，却疏于介绍重疾险。

丁先生首创的"重疾不重"课程，正是为我们和我们的客户提升对重疾险的认知而作出的努力和尝试。我们选送优秀员工远赴北京学习丁先生的课程，在持续不断的合作中，我惊喜地发现大家思想认识的转变，他们不仅对重疾险的功能与意义有了更深入的理解，同时也越来越倾向于为保障不全面的客户介绍重疾险，我们的客户也越来越意识到重疾险对于家庭的重要意义。看似丁先生只是在操作一个专业的培训课程，但实际上丁先生是在通过自己的不懈努力，践行保险让生活更美好的庄严承诺。

闻悉丁先生的新书付印在即，不禁欣喜万分。可以预见，重疾险会越来越受到社会与客户的关注，我们寿险人的意义和价值也会越来越得到社会的认可与客户的认同。最后，预祝丁先生和他的团队为全社会传递更多、更有价值、更加专业的重疾险知识，为每一个家庭打造更有保障、更加幸福的美好生活。

袁峰（个险总　新华宁夏）

序 三

　　祝福丁老师新书出版！我相信，《重疾不重》只是一个起步，《重疾革命》会让我们走得更远，做得更出色。希望借助这本书让更多的人能正视重疾。

　　相信并且坚信只有做到"早预防、早诊断、规范治疗、足够的财务支持"，才能帮助更多的家庭拥有和谐的正常的生活。

茆佳佳（江苏扬州）

　　一直热爱重疾险销售，因为相信重疾险能够帮到身边人。一次在南京MDRT 会议上，听丁老师分享，突然发现，原来重疾险可以通过专业医学知识打动对方，使客户产生信赖。之后专门去参加丁老师的"重疾险 3D 训练营"培训，仔细翻看了《重疾不重》。回来后运用不一样的销售方法，成交客户快了很多，保额也提升不少，尤其是客户满意度很高。这也成就了我，连续几届的 MDRT 会员。听说丁老师又要出书了，我想这又是一本非常好的销售辅助手册，在此预祝丁老师新书大卖，帮到更多的人。

缪剑海（浙江台州）

要为丁老师的新书作序，我是既紧张又兴奋，因为我只是一位入职三年多的一线销售人员，并不像很多"大牌"有大保单，也许选择我写序的原因是丁老师知道我的保障产品做得还不错。我粗略统计了一下，三年来，我成交了210份保单，累计保额超过6200万的保障，其中90%以上的保单都是重疾险，这与我刚入职第二个月就聆听了丁老师的"重疾不重"分享有密不可分的关系。

虽然说保险救国对我而言还有些高远，但是保险尤其是重疾险对于一个家庭来说，确实起到了防止生活被改变的作用。

希望更多伙伴能够结缘丁老师，结缘"重疾不重"，让我们为更多的家庭送去更科学更合理的保障。

郭滨（天津）

听说丁云生老师又要出新书，真替丁老师高兴，更替保险界的同仁们兴奋，伙伴们又可以学习最新医学专业知识以及重疾险销售技能。

认识丁老师是2013年11月在福州的MDRT体验日，门口买书时巧遇丁老师。

第二次见面是国泰人寿TOP100培训时，丁老师为大家讲课。

第三次见面是在北京肿瘤医院参加"重疾险3D训练营"。三天培训之后，我对重疾险有了更深的理解，也更加热爱重疾险，回到单位很明显促约速度比之前更快，做重疾险件数也更多，也因此快速达成MDRT，我愿意跟同事分享，和兄弟单位同仁分享，也成为国泰人寿TOP100的特聘讲师。

真心希望更多保险代理人有机会多学习，多销售重疾险，让更多人直面重疾，早预防、早诊断、规范治疗，真正让重疾不重！

都书利（江苏苏州）

对应于我们身体健康的管理，不是100%确定健康，就是100%确定不健康。——正如丁老师所言：人这一生，一定会得重大疾病，如果没有得，那是因为其他原因先离开了，还没有机会得。

家庭或企业关键人物中的任何一个，如果突然发现罹患重疾——正如丁老师所言：重疾是突然发现的，不是突然发生的，一定会迅速破坏企业及家庭现有的财务平衡。

常常回想儿时少先队那句誓言：时刻准备着！以此自勉、共勉，并感悟丁老师如斯坚持的背后——时刻准备着：我们本当时刻以价值为准，为责任而备。

袁晓玲（江苏南通）

认识丁云生先生是一个很偶然的机会，我们在一起讲课。后来拜读了丁先生的《重疾不重》之后，我对他充满了敬佩之情。我不但自己多次到丁先生的讲堂上去学习，还专程把他请到我们公司给我们全公司来讲授。想把重疾保额从几十万提到几百万，只要拜读丁先生的作品，自然会从中找到答案。

丁先生每周七天有四至五天是在全国各地的讲台上给大家传授知识，如此高密度的工作量，对常人来说，早就疲惫不堪了。可是我每次见到丁先生的时候，他总是红光满面，精神百倍。丁先生除了注意保养之外，乐观的心态也是他精神的法宝。丁先生助人为乐的奉献精神，值得我们每一个人去学习。

闫丽洁（北京）

当时我是毫不犹豫地报名参加了"重疾不重"的培训课，因为我是一位五岁孩子的妈妈，对重疾和重疾险都有想要了解的愿望，哪怕只是为了自己的家人。

丁老师给我的第一印象就是笑笑的、像弥勒佛一样。经过三天的学习，我知道了疾病并不可怕，可怕的是它会重伤我们的家庭经济生命。爱护我们的身体健康，爱护我们的家，要从今天开始做起！

谭存霞（上海）

本人有幸在三月份参加了"重疾险3D训练营"，整个过程收获颇丰。在整三天的培训过程中感觉到每一天的学习内容都非常丰富，而学习完毕之后感觉很震撼。

三天的培训让我收获满满，带着这些收获我在工作的过程中持续实践培训的点点滴滴。我的重疾险的保额由原来的10万左右提升到现在平均30万，甚至有些保单已经达到50万的保额。

希望更多保险行业的同仁能够在"重疾险3D训练营"这样一个平台收获知识，收获能量，更收获未来坚定从事这个行业的信心，大家一起加油！

胡怀霞（山东临沂）

认识丁老师是从他的一本书《重疾不重》开始的，后来就加上了丁老师的微信，从朋友圈看他全国各地到处飞，给很多保险业及银行业的伙伴讲"重疾不重"。鉴于过往工作中，对重疾险及疾病赔付知识的欠缺与不足，便很想去现场听一下，正好在他的朋友圈看到有这样的课程，毫不犹豫报名去学习了。

这次学习对我专业知识的提升起到了很大帮助，回到公司后，正好公司推出一款防癌险，我40天做了38笔业务，接下来重疾险类产品的销售业绩也比从前有很大提升。

"重疾不重"的订阅号，我让团队每位小伙伴都加上了，我们做的不是简单的推销重疾险产品，而是能在日常的交流中帮客户普及重疾的预防知识，让我们自己与客户能拥有健康的生活方式。

无知是对生命最大的不负责。

未来，希望能够带着自己的团队一起去学习，以便在工作中能让更多的家庭拥有重疾险保障，这是一种职业使命。在此很感谢丁老师和他的团队为我们保险业伙伴提供的这样的学习平台，及后续很多专业知识的无私分享。他们的努力与我们的努力都具有很大的社会意义，这一切都是为了让"重疾不重"！

董海燕（江苏苏州）

丁老师，无论是培训还是其书籍对我们从业人员都有很大的指导意义。

自从听了丁老师的传授，我在客户面前比以前更专业更自信了。丁老师的第一本书《重疾不重》深入浅出、言简意赅地为我们普及了医学和医疗知识，是每个老百姓都读得懂的一本医疗和保险巨著。曾经有一次我的母亲在床头发现了这本书，她看了以后赞不绝口。受她启发，我也买了很多本送给了关心健康和想了解重疾的客户们，得到了他们的认可和好评，同时我的重疾险业绩也突飞猛进。这一切都非常感谢丁老师和重疾不重工作组的辛苦付出！

姚遥（北京）

第一次听说丁云生老师，是源于同事们聊到"重疾不重"和"中国重疾险之父"。我自己到百度上搜索后，了解到丁老师的不凡经历，这些经历除了使我慕名佩服、敬仰之外，也促使我想探究其中的原因，他为什么会从医生、保险代理人，最后成为传教士？

2015年4月只身从深圳前往北京大学肿瘤医院学习。通过三天的学习，对丁老师有了更深层次的了解，同时也明白了丁老师举办"重疾险3D训练营"的用心良苦。

他是芸芸众生中实至名归的天使。星星之火可以燎原，希望中国保险业的同仁们能以丁云生老师为荣耀，以丁老师为榜样，在售险的道路上共同前行。

黄健（广东深圳）

认识丁老师是在 2015 年 3 月份，我还是一个兼职加入保险行业仅 4 个月的新人，听了丁老师的讲座并阅读了首部作品《重疾不重》，可以说翻转"重疾险"观念的同时，也翻转了我的人生。第一次意识到保单之外更有价值的是专业的医学知识，第一次接触到做客户健康管理的理念，并借助丁老师的"重疾险 3D 训练营"为自己的客户经营建立起了健康管理体系。同时对丁老师的喜爱开始转化成对重疾险事业的坚持和热爱，以及对健康管理体系建立的坚定与执着。听闻丁老师要出新作了，我万分激动，衷心希望在丁老师的引领下，中国内地的健康保险事业能走出一条更加兴旺之路。

沈超（山东青岛）

　　很荣幸为丁老师新书写序。作为"重疾险 3D 训练营"的一名学员，感觉莫大的荣幸！我可以和看到此书的读者们分享一下我的感受，同时也是想感谢丁老师，利用医学知识为保险事业的从业者们，提供了一个这么好的学习平台！

　　入行 2 年时，其实最不愿意销售的就是重疾险，我那时候觉得不如那些理财式的保险好卖。身边一位 28 岁的朋友突患白血病，那是遗传造成的，对于我来说仍没有很深的感触！但我又觉得，既然保险公司推出这样的险种，必定有它存在的价值。后面有同事介绍，与丁老师的"重疾险 3D 训练营"结缘。

　　第一天的课程就让我感觉，原来我有这么多的不良习惯，听的时候就感觉身上每一个位置都好像是一枚隐形的定时炸弹，不知道会因为什么样的诱因，就会造成定时炸弹的引爆！原来重大疾病是每个人都会发生的！听完之后我很震撼。

　　真心感谢丁老师，可以把这些医学知识传播给保险从业者，能让我们更加专业、更好地服务客户！

宁丽娜（天津）

非常感谢丁云生老师开创了"重疾不重"这个培训体系！虽然培训已经是去年的事情了，但是那三天的培训，我的感触特别深刻：

第一，感谢丁老师给了我希望！以前觉得癌症就是绝症，得了重大疾病就会死，没有从心里认可重大疾病险，认为只买人身险就可以了！通过丁老师的培训，我才真正清楚和相信重疾不"重"。

第二，感谢丁老师给了我感动！非常感谢丁老师创造了这样一个近距离和医生接触的机会，不仅学习到了最新最专业的重疾的医学知识，更是佩服中国医生们的专业水平，佩服他们在自己岗位上的付出！

第三，感谢丁老师给了我力量！丁老师说：人这一生一定会得重大疾病，如果没有得是因为别的原因先离开了，还没来得及得！——保险销售是我们保险代理人的责任和使命。

徐慧（广东深圳）

初识丁老师，缘于公司的年会，有幸与老师同桌，小激动！因为很早就听过"重疾不重"，听过丁云生老师的大名。待见真人，发现老师内敛又有点小腼腆。

一直很疑惑，是什么原因让老师放弃北京心脏外科医生的工作，华丽丽转身投入保险业，而且乐此不疲。当我上了老师的课，读了老师的书以后，对老师有了更深的了解。能精于医学，又懂得保险营销，同时又把全国最顶尖的医疗资源作了整合的，也只有丁老师了。

他在为我们搭桥！在从医的数年里，为病人做心脏搭桥，挽救了无数病人的生命；现在，他为我们保险人和客户搭桥，为我们搭建一座人脉资源共享的桥梁，让我们创造与众不同的价值！而老师也在创造无可替代的价值！

马红燕（大连）

在好时代遇上好老师是件很幸运的事。

无需赘言，所有寿险伙伴都明白，保险的真谛正在回归，保障型险种早就成为各家保险公司力推的重中之重。

重疾险销售，其实不是一件容易的事情。保险公司关于这方面的培训，基本上以话术为主，在市场的推广也是倍感吃力。

一次很偶然的机会，我聆听到丁云生老师的讲座，顿时感觉拨开云雾见月明。丁老师之前是心脏外科医生，而且还有保险的从业经历，他对重疾险的理解更多的是基于医学上的认识。

丁老师写过一本书《重疾不重》，书中观点之独到，思路之清晰，逻辑之严谨，实在令我大开眼界，随后我又参加了几期 FACI 主办的"重疾险 3D 训练营"。逐渐地，我形成了自己的重疾险销售方法。

重疾险销售之难，难在保险从业人员不懂重疾医学知识，闭门造车难免市场回应冷淡。

要想提高自己的重疾险销售能力，我认为形成一套方法是非常重要的。这套方法因人而异，但是总的思路源泉，都来源于丁老师的大作《重疾不重》。

笔落于此，颇有感慨。在这个时代，能有机缘遇上一位好老师是一件多么幸运的事！

最近得知丁老师第二本大作《重疾革命》将要出版，为其写序，荣幸之至。

回顾丁老师的教诲，不禁想起《倚天屠龙记》一书中，张翠山与殷素素谈及恩师张三丰武学修为，引用了庄子秋水篇中的一段话"夫千里之远，不足以举其大，千仞之高，不足以极其深。"

希望能有更多伙伴阅读《重疾革命》，为自己打下坚实的专业基础。

纪一舟（广东深圳）

序　四

2014 年 11 月 8 日，爸爸因为心梗住院了，妈妈怕我工作分心没有告诉我。而妹妹心里装不住事儿，当天晚上打电话过来，说着说着就哭了起来。她说，爸爸当时在学校里正和别的老师说话，忽然间心口疼痛难忍，就立刻被送到了医院。我的家乡在山东临沂的一个小县城，去到医院后医生建议立刻住院治疗，然后开始化验、做心电图、打点滴。

我听说了爸爸的情况后，马上想到了询问丁老师和李医生，丁老师建议心梗不是小事，一定要做冠状动脉造影，要到北京治疗比较好。为了了解具体情况，李医生还和爸爸的主治医生通了电话。

于是我暂时说服了爸爸来北京治疗。因为他超过了放支架的最佳时间，所以只能等坏死的心肌稳定以后，至少一周后才能做手术，我们商定了大致的转院日期。

11 月 10 日，爸爸来京的思想开始动摇，因为对身体状况自我感觉良好，他觉得，就是心绞痛了一下，加上住院两天了也未觉得有什么大碍，没必要来北京。而我始终坚持一个观点：有没有问题需要做冠造才能知道，而冠造必须到北京做（如果需要做支架，支架手术需在冠造之后立即进行）。我也顺便说了几句专业的"话术"：我国每年进行 20 万例左右的心脏手术，大约 760 家医院可以做，但手术死亡率最低的医院和最高的医院相差 14.97 倍。爸爸没有再争辩，但还是表示等等再说。

有一天在电话里，爸爸忽然又有了新的论点：北京的医疗水平是好，但是到了北京就能住院吗？就算托关系也得排一个月的队才能住院吧？虽然县医院的医疗水平比不上北京，但请北京的专家过来也是可以的，我们只需要付 1000 元专家费就可以了。我没有多说，只是表明 1000 元是请不到北京的专家过去的，凭我们公司的能力，到北京看病的事情无需过多担心。

第二天一大早，妈妈打电话来，说爸爸决定到北京治疗了。因为隔壁病房一位 30 多岁的男性，一个月前因为脑梗住的院，也是一直在输液治疗，那天早上突然脑血管破裂，被救护车送走转院了。

11 月 17 日，爸爸妈妈坐高铁到北京，直接到安贞医院办理了住院。19 日做冠造，结果显示：左前降支开口堵塞 80%，需要放 1 ~ 2 根支架。李医生安慰我说，相信医院的技术，请医生按照最合理的方案进行就可以。

爸爸很快做完了手术，放入了一根支架。我见到他时，精神很好。很多亲朋打电话来问候，他都说：在这个医院到处都是做支架手术的人，手术很简单，不必担心。手术后的第二天，爸妈就出院回家了。

回到家，爸爸主动保证以后一定戒酒，急脾气的性格也会改掉。我知道性格不是一朝一夕可以改变的，但我更相信"祸兮福之所倚"的道理。如果一场疾病能带来生活习惯的改变，对生命更加珍爱，那也未尝不是一件好事。

在当地医院住院时，每天的治疗就是输液。到安贞医院后，除了必要的检查项目，没有任何的输液治疗，这点也让爸爸很是惊讶。

许多年来，对于丁老师和李医生来说，帮助别人安排看病已经是习以为常的事情了，我的爸妈亲自体验了一把 FACI 的重疾绿通服务，他们更加体会到了我的工作的意义。

丁老师的新书出版，记录我爸爸看病的经历，以为序。

张懿铭

2006 年，我妈妈输尿管结石。那时候她在老家，我在石家庄当老师，暑假回家的时候，她和我说她得了结石，村里的一个嫂子认识保定医院的人，可以带我们去那儿看，我没有多想，就带着她去了。那是一家民营医院，医生给我们看他做手术的录像，于是我们就放心了，没怎么犹豫就决定在那儿做手术了。

说好的要做微创手术，结果在手术中间，医生从手术室出来告诉我，结石已经取出来了，但是有个东西放不到输尿管里去，所以要把肚皮切开，我只能同意。妈妈从手术室出来后，一夜没醒，我也备受煎熬。妈妈手术出院后，我就去山区支教了。

我到学校不到一个礼拜，舅舅就给我打电话把我叫了回去，妈妈手术的伤口一直长不上，还伴有发烧。舅舅认为手术有问题，带着我们去医院讨个说法。医生说什么也不承认手术有问题。

只是妈妈再一进到那家医院，可能是心理因素，病情就加重了。

那时的我慌了，她进手术室的时候，我都没慌，可能是当时选择了无条件地相信医生，但现在不知道该相信谁了。我打电话找我们的学生家长，帮忙联系石家庄的医院，急匆匆地找我的同学，联系车把我妈从保定接到石家庄。说来也奇怪，妈妈到了石家庄的医院之后，没作什么特殊处理，伤口就慢慢长上了，精神也慢慢恢复了。

2007 年底，我从学校辞职，妈妈生病花的钱把我吓到了，我突然有了要去博一搏的念头。

2008 年初，我来到北京。

2009 年我认识了老大丁云生。他和我第一次见面，我们俩在国贸的办公室里聊了两个多小时，我从他那儿出来后，就给介绍我俩认识的姐打电话，我说，我可能遇到了改变我一生的人。

2009 年我跟着老大做销售，2010 年我转到公司做内勤。这期间，老大去了上海，出了书《重疾不重》，开始了高频率的全国演讲，创办了"重疾险3D训练营"。

2014年6月，老大问我待得咋样，要不要出来跟他，我没犹豫就答应了。来了之后，主要负责与"重疾险3D训练营"相关的工作。

2015年5月份，我妈妈肺癌。实际上从过年后她就一直感觉不舒服，她和我说她的感冒总是好不了，我就建议她去全面地检查一下。检查之后，胸片上看有阴影，我又建议她去复查CT，根据CT结果显示，有占位，不能确认是什么东西，于是就先按照炎症去治，输了十天液。

输液结束后，我妈妈自己觉得好多了，虽然还有些咳嗽，但能做饭能干活儿了。我又强迫她再去复查CT，这次的结果显示和上一次CT结果无明显差别，建议穿刺活检。我把结果发给肿瘤医院给我们上课的老师熊宏超主任看，熊主任说，尽快带她来见我。

2015年母亲节的前一天，我回老家把我妈接来北京，2015年母亲节的后一天，我确定要给她做手术。住院前作了很多术前的检查，最后商定的手术时间是2015年5月29日。她是早期肺癌，手术后不需要放疗化疗，定期复查即可。

2015年5月22日，是"重疾险3D训练营"开班的日子，在丁老师上台之前，我们俩在肿瘤医院学术报告厅门口聊天，我激动地告诉他，我妈得肺癌了，不过是早期的。后来他说：当时你眉飞色舞的样子，好像得病的不是你妈似的。但他也知道，早期发现，再加上规范治疗，这的确是应该高兴的事情。这本来就是他讲课时一直在说的理想中的样子。

说句题外话，术前检查PET-CT的结果显示，我妈妈的一个肾萎缩了。这证实了她2006年的手术一定是有问题的。她自己还不知道这件事。

老大曾经问我对重疾险如何理解，现在的我和做销售时候的我有什么不一样。我说，做销售的时候，我印象最深的是讲财富人生图，是和客户描述万一得了重疾所导致的经济损失，现在的我深深地感受到，发明重疾险的目的是为了让人更好地活下去，重疾险赔付只是手段。该如何去尊重生命，这是我现在体会最深的。

　　2016 年，老大的新书出版，我惶恐中第一次写序，用我母亲两次得病的经历，帮助大家理解老大的良苦用心。

苏鹏

目 录

第一部分 早预防

第二部分　早诊断

第三部分　规范治疗

第四部分　财务支持

第五部分　在路上

附录

后　记

第一部分

早预防

白天怎懂夜的黑

离医院越远的人越需要医生，
离保险越远的人越需要保险。

不管是去讲课也好，还是做销售也好，如果你也像我这么"资深"的话，我希望你能放一张自己年轻时的照片。为什么呢？从某种程度上讲，年轻人是不可能知道老人的感受，健康人是不可能知道生病的痛苦，白天是不懂夜的黑的。

就在你读到这一页的时候，全世界有很多人在医院里住院。这些在医院里住着的病人，是不可能提前知道自己会住院的，否则他们怎么可能会住院呢？人们一般没病的时候都不愿意去医院。其实，人这一辈子去医院的次数是固定的，我们可以选择每年去一次，也可以选择平时不去，攒着一块去。只不过这样"利息"比较高罢了。

我相对比较特殊，我父母都是医生，我们家就在医院里，我是在医院里面泡大的。小时候来我们家的亲戚大多都是病人，因为一般人是不愿意来医院的，即使是走亲戚。所以在我小时候的记忆里，我家好像没来过什么健康的人，来的都是病歪歪的，身体都不好，这是我儿时最深刻的一个记忆。

当然大部分人是没有我这样的经历的，我常说，其实离医院越远的人越需要医生。我们或许有这样的体会：身边的亲友，那些平时小毛病不断的人，没事总往医院跑，反而一般都活得很长久，那些轻易不去医院的人，一旦真的不舒服起来，去医院一查就发现是大病。

同样的道理，离保险越远的人其实越需要保险。所以，当有人拒绝和你谈保险的时候，你要很高兴，因为很有可能这个人一点保险意识都没有，你若能让他认可了你的保险观念，反而他会是保险公司的忠实客户。

所以，谈保险是一件很纠结的事，遇到拒绝是很正常的，就像白天不懂夜的黑。放一张你年轻时的照片，和现在的自己作对比，很多话不需要讲，客户自己就能体会到。

重疾是相对的，不是绝对的

随着医学的发展，重疾险中重大疾病的种类会有变化。

重疾是一个时代的产物，不同时代有不同时代的重疾。

我简单地说一些和重疾相关的事情。

拿恶性肿瘤举例子。恶性肿瘤的理赔是看病理的，条款规定，一定要病理诊断是恶性肿瘤才能获得理赔。一个人被查出来是恶性肿瘤，不管他去不去看病保险公司都会理赔，哪怕是前列腺癌、甲状腺癌这些相对比较轻的恶性肿瘤。事实上，很多甲状腺癌即使确诊，也不需要做手术的，瘤子长得很慢，即使不切，这个人活很久也是没问题的，只是中国人都恐惧癌症，一听说是癌症就不管不顾地非得把它切了。不管怎样，只要病理上说是恶性肿瘤，不管你看不看病、切不切瘤子，保险公司都会赔，这是一定的。

反过来呢，尽管他的病理诊断是良性的，不是恶性的，但是通过临床诊断，他的死亡率特别高，所以从一开始就给他按照恶性肿瘤一样去治疗，他也经过了手术切除、放疗、化疗这样的过程，这样的情况我们保险公司赔不赔呢？今天在北京、上海的肿瘤医院有很多的病人就是这个样子的。

按照条款是不赔的，那么实际操作是怎样的呢？尽管在保险公司的分支公司层面大都是按照条款来执行的，但其实，我在北京、上海跟很多保险公司总部负责理赔的医生沟通，他们处理的原则都是主张赔付的。我再次强调一下，虽然他被诊断为了良性肿瘤，但是他的治疗是在一家三甲医院，是在一家规范的医院按照恶性肿瘤一样去进行的，我们的保险公司都是可以赔付的。所以，在我看来，中国的保险公司在重疾险赔付方面，要比想象的宽松得多。

另外，我多啰嗦两句，中国的保险业目前还处于跑马圈地的阶段，相对于理赔，保险公司更看重新单保费，连我在理赔部的医生朋友都常抱怨，没有核保部受重视，更不要说与营销支持部比了。

再举个例子，鲁迅写过一篇文章《药》，他写的是要用人血馒头去治病，要治的是什么病呢？肺痨病，这在那个时候是必死的病。肺痨病就是我们现在所说的肺结核。我表妹的女儿，去年在读大学的时候就得了肺结核，她也不用住院，就在门诊看的病，休息了大概一个月，花的钱不到一万块。过去看来是要命的病，现在治疗起来已如此简单。

还有一个例子，十年前，中国有很多保险公司的重疾险是可以保角膜移植的，那时候角膜移植属于重大器官移植。在今天，我们的重疾险条款里面，角膜移植已经不包括了，重大器官移植只包括心、肝、肺、肾的移植以及白血病引起的骨髓移植。姚贝娜2015年去世后，她的两个角膜捐给了两位男性青年，很容易就做到了。十年前很重的病，到今天已经不在重疾条款里了。

再比如说，保险公司2014年赔的最多的恶性肿瘤是什么？很多人都说是肺癌，肺癌的确是中国癌症发病率中排第一的疾病，但在保险公司2014年赔付最多的不是肺癌，而是甲状腺癌。去年我在某再保公司与大家一起开会讨论的时候，他们提供的数据显示，2014年甲状腺癌让保险公司赔得最惨。得甲状腺癌的人，相对来讲年轻人比较多，因为甲状腺和内分泌、辐射、生活习惯、零食等有很大的关系。现在的很多年轻女性睡觉前抱着手机看，早上起来找手机的时候，发现被压在脖子后面了。如果总是这样，甲状腺不舒服还奇怪么？

这些年轻女性的甲状腺癌是怎么被发现的呢？相对来说女性还是比较在意自己的身体的，每年都进行例行的体检，或者稍有不舒服就去作检查，于是就发现了，发现后就来保险公司理赔了。

年轻女性一般刚买保险没两年，但保额很高，虽然保额高，但因为年龄不大，保费并不高，所以2014年再保公司因为甲状腺癌的原因赔得很惨。某家国际保险巨头在中国的数据显示，甲状腺癌的诊疗费在8000~50000元之间，而且几乎都不用放化疗，不用休息，手术后歇两天就可以直接上班。反而，诊断时多半是中晚期、需要放化疗、医疗费用动辄数十万百万的，如肝癌、肺癌患者大多没有购买重疾险，或者购买的额度比较少。我想，这是我们所有人，包括保险公司都不愿意看到的情况。因此有保险公司的朋友跟我半开玩笑地说，他们准备开发一款甲状腺癌除外的重疾险。我提醒他，如果行业协会不对重疾条款进行重新修订，你这款甲状腺癌除外的保险是不能够冠以"重疾险"三个字的。

各位应该知道，现在很多国家的甲状腺癌都已经被列为轻症了，估计不用太久，我们中国也会把甲状腺癌列为轻症。如果你有客户对甲状腺有担心的话，让他赶紧多买点重疾险，以后再买，到时重疾险条款里多半就没有甲状腺癌了。

其实，我们正在讨论，能否在设计产品的时候，甲状腺癌少赔一点，而肝癌、食管癌、白血病这些重病多赔一点。因为在现在的情况下，即使甲状腺癌发病，并不会对我们的工作和生活产生很大的影响，反而是那些肝癌、肺癌患者，需要更多的钱，赔付的钱就是救命的钱。从肿瘤治疗的角度来看，我会更加认同这一点。

我之所以跟大家讲这些情况，就是想帮各位了解，医学是一个很庞大的体系，而重疾险中的重疾是相对的，不是绝对的。随着医学的发展，重疾险中重大疾病的种类会有变化。重疾是一个时代的产物，不同时代有不同时代的重疾，对重疾要有一个更宽泛和理性的认识。

重疾险眼中的重大疾病有哪些？

重大疾病的三层涵义：病情严重、经济负担重、心理负担重。

重大疾病有三层涵义，第一是病情严重。

有客户问我，为什么胃大部分切除重疾险不赔呢？是的，胃大部分切除不是重疾，但是客户说，这个病听起来蛮大的啊。

客户是这么想的：把肚子切开，把胃切下来了一大半，这病还不重大吗？你跟我说我买的重疾险不赔，你这不是骗子嘛。

其实，我们目前的重疾险条款是由中国医师协会和中国保险行业协会在2005年编写的，当时组织了很多院士专家，实际上，条款中的前25种病，各家保险公司都是一模一样的。

胃的大部分切除看起来很重，但为什么没把它放到重大疾病条款中去呢？是因为胃大部分切除是一个非常常规的手术，实施起来很简单，很多县医院都能做，甚至10多年前在我们乡镇医院就能做。根据专家的意见，这个手术不严重，不是重大疾病。不能因为把肚子切开了就说它是重大疾病。

还要注意，病情严重不代表得了病就会死，如果一种病得了就会死，它也是不可能在重疾险条款里的，比如艾滋病。如果重疾都是得了就会死的话，重疾险也就没有存在的必要，有寿险就足够了。

很多保险公司的员工，包括好多保险公司的老板，包括设计产品的精算师，他们自己的重疾险买得很少。精算师说，我设计产品的时候，每天要把这个条款读一遍，我读完以后发现最终我都会死掉，我买它干吗？所以我买的全都是寿险。这是 90% 的精算师曾经跟我说过的话。

精算师是保险公司的总公司里专门设计产品的人，他们多半对数字很敏感，但对于疾病是不懂的。他们不明白，包含在重疾险条款中的重大疾病，通过早预防、早诊断、规范治疗后是有很好的五年生存率的。现在给大家的感觉不是这样，是因为我们国家现在癌症的总的五年生存率才 30% 左右，这是现状，是可以被改变的。很多精算师听我讲完后，开始考虑购买重疾险了。

所以，重大疾病是病情严重的病，但是一定不是得了就会死掉。

重大疾病的第二层涵义，就是经济负担重。

我看问题的角度可能跟别人不一样，大家都会认为花钱多不是好事，但我是持另外一种观点的。

各位都听过先天性心脏病，很多小孩子出生之后就有先天性心脏病。心脏本来是有四个腔的，如果这四个腔该通的不通，不该通的通了，都是有问题的。由于经济原因或当地医生的原因，孩子来看病的时候比较晚，比如 10 岁以后才来看病。如果他没有在很小的时候做手术，到 10 来岁时他已经习惯了那种畸形的心脏，这时候再帮他去校正的话，他的寿命反而会减少。如果不纠正，他一般也活不过 30 岁，做了手术，活的时间更短。这时候他来看病，医生都是不敢收的，所以说在我看来，一个病花钱多并不是坏事，因为至少证明还是有希望的。

重大疾病的第三层涵义，是心理负担重。

心理负担有时候比疾病本身更可怕。恐惧来源于未知，所以我们要了解重大疾病，知道它是什么样的，如果对它有了一定的了解，也就没那么害怕了。

哪六种疾病是保险公司必保的重大疾病？

　　重疾险一定要包含六种疾病，只要有这六种，其他的疾病一种没有，它也是重大疾病保险，这六种中缺了一种，其他的疾病种类再多，也不能叫重大疾病保险。

　　有六种重大疾病是重疾险必保疾病，我们叫它们核心重疾。只要把这个条款规定为重疾险，就必须包含这六种疾病。一款保险产品，只要包含了这六种，其他的疾病一种没有，它也是重大疾病保险，如果这六种中缺了一种，即使其他的疾病种类再多，也不能叫重大疾病保险。

　　还有十九种重大疾病是保险行业协会建议的，意思是最好也要包括。其实只要是官方建议的，那就是一定要做的，所以，现在中国的所有重疾险，前25种病都是一模一样的，也就是说，现在的重疾险包含的重疾种类都是"6 + 19 + N"的形式的，从业者一定要了解这个情况。

　　客户经常会这样问：这个病为什么不保，那个病为什么不保，我邻居得的那个病保不保？遇到这些问题，你可以这样和客户说：保监会建议，重疾险一定要包含六种疾病，只要有这六种，其他的疾病一种没有，它也是重大疾病保险，这六种中缺了一种，其他的疾病种类再多，也不能叫重大疾病保险。这样做的目的，是把客户的关注点从那些发病率很低的疾病引到六种核心疾病上来，因为这六种是影响保费设定的主要病种。你知道是哪六种吗？

这六种核心重疾，第一是恶性肿瘤，第二是急性心肌梗塞，第三是脑中风后遗症，第四是冠状动脉搭桥，第五是重大器官移植，第六是肾衰竭。这六种重疾我们都要记清楚，在客户面前能够准确地脱口而出。

在这本书的后面，我附录了《重大疾病保险知识问答》，这是中国保险行业协会和中国医师协会共同制定、刊登在保监会官网上的，跟重大疾病保险相关的为数不多的文件。

而在十多年以前，中国各家保险公司关于重疾险承保重疾种类是不统一的。当时深圳的几个律师因为重疾险把保险公司给告了，此事虽被外界猜测是蓄意而为，对重疾险的市场产生了影响，但这件事也有好的一方面的影响，这个好的影响就是它引起了国家对重疾险的重视，推动了保险行业协会重新制定重疾险的条款。由此才促成了我们现在市场上所见到的重疾险承保的重疾种类前25种都是一模一样的。

最后提一下，原位癌不是癌，原位癌不属于良性，也不属于恶性，原位癌属于良性肿瘤和恶性肿瘤中间过渡的一个阶段。理论上讲任何一种肿瘤都是有原位癌阶段的，但从原位癌的发现角度来说，主要是宫颈和乳腺比较多一些，一般别的地方很难被发现。

在恶性肿瘤里，原位癌是除外的。

心脏为什么可以跳一辈子？

心脏在每一次跳动的时候，只有四分之一的时间是在工作，而四分之三的时间是在休息。我们应该向心脏学习。

首先，我要问大家一个问题：只要人活着，心脏是不是一直在跳？

那么大家是否了解，心脏是从什么时候开始跳的？其实，人还没有出生，心脏就开始跳了。

从人还没有出生直到人离开这个世界，心脏都在跳动。心脏通常要跳六七十年，多则八九十年甚至一百多年，而且它是一直在跳，晚上我们睡觉了，我们的多数器官也都休息了，心脏却还在跳动。那么，心脏为什么会跳那么久呢？

我们上学的时候学过，心脏有四个腔：左心房、右心房、左心室、右心室，这四个腔是相互配合的。四个腔之间的"门"有时候要关，有时候要开。通过不停的运动，心脏主导着全身的血液循环。

心脏跳一次，就是心脏收缩一次再舒张一次，那么心脏的收缩和舒张的时间占比，大家还记得么？打个比方，如果心脏一分钟跳60次的话，就是一秒钟跳一次。那么在这一秒钟之内，收缩占多长时间？舒张又占多长时间？

答案是 1：3，收缩是四分之一，舒张是四分之三。心脏一秒钟跳一次，也就是收缩、舒张一共用一秒钟，这时候收缩用四分之一秒，舒张用四分之三秒。

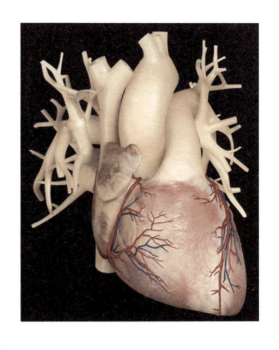

现在我们来看，心脏为什么可以跳那么久？就是因为心脏真正的休息时间是比较长的，而真正的做功时间是比较短的。心脏在每一次跳动的时候，只有四分之一的时间是在工作，而四分之三的时间是在休息。

这也就解释了，为什么人的心脏不能跳得太快。因为心脏跳动越快，每跳一次所用的时间就越短，收缩用的时间就越短，收缩能够起到的作用就越小，心脏真正做的工作越少，人就越可能死掉。

现在我们知道了，心脏的跳动之所以能持续那么久，是讲究劳逸结合的结果。我们应该向心脏学习，在平时的工作生活中，做好时间管理。而且从医学角度来讲，休息的时间应该比工作时间更长，你看心脏都是四分之一的时间工作，四分之三的时间休息的。

随着社会经济水平的增长，随着现代化步伐的加快，我们的工作节奏也变得越来越快，许多上班族，尤其是那些企业家每天的神经都是紧绷的。微信朋友圈疯传过一条信息，企业家 J 先生原本应该跟着习主席去英国访问的，为什么没有去？在去英国之前，他连续加了几天班，突然感觉身体状况不好。他是良性肿瘤患者，突然间病又复发住院了，因此英国没有去成。

我们经常说，文武之道、一张一弛，要工作也要休息，更重要的是，休息时间要更长。这是心脏能跳这么久给我们的启发。

血管为什么一定会长斑块？

一个人活得足够久，冠脉的斑块堵塞是必然的，我们可以减缓斑块生长的速度，但不能保证不长斑块。

有斑块并不可怕，可怕的是斑块不稳定。

供应心脏自身血液的这个血管是冠状动脉，如果这个血管出现问题，那些心绞痛、冠心病就都来了。所以，我们要尽可能地让这个血管通透。

有一次吃饭，李医生、许大夫、我们团队的人都在。许大夫就招呼大家说，这个红烧肉不错，大家都吃，李医生就说了，"我就不吃了，我有斑块。"他的意思是说他的血管里有斑块。李医生是心内科医生，整天就是和这些斑块打交道，他体检发现自己有斑块，所以才这么说。

一听李医生这么说，许大夫就问他，"你今年是二十八吗？"李医生的颜值比较高，长得又比较面嫩，一听这话李医生特别高兴，他说，"哪儿啊，我都快三十八了。"许大夫揶揄道，"我还以为你二十八呢，三十八岁有斑块那不是很正常嘛。"许大夫是影像科医生，这斑块他也见多了。（求专门搞冠脉介入治疗的李医生的心理阴影面积）

实际上，一个人活得足够久，这种冠脉的斑块堵塞是必然的，我们可以减

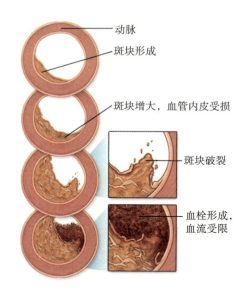

动脉

斑块形成

斑块增大，血管内皮受损

斑块破裂

血栓形成，血流受限

缓斑块生长的速度，但不能保证不长斑块。各位都知道猪八戒吃素的，但他还是那么胖，为什么？因为吃素跟胖是没关系的，也别以为吃素就不会得脂肪肝，脂肪肝是代谢的原因引起的，跟吃不吃肉没有直接关系。

人活得越久，冠状动脉就堵得越厉害。统计学上的数据发现，女性在更年期之后，心梗的人数会大幅增加。这是因为更年期之后，女性的雌性激素会往下降，雌性激素除了可以帮助保持女性的外在特点，比如皮肤的细腻、光滑以外，还可以让血管壁很光滑。当女性雌性激素下降后，除了皮肤会变得相对松懈以外，血管壁也会变得容易沉积斑块。

50岁以前，男性心梗较多，50岁以后，女性心梗的比例会特别高，这是一个生物学的改变。能不能让更年期往后延呢？是可以的，比如可以打激素，但是激素打多了就容易得什么？乳腺癌，卵巢癌。人体是一个平衡的整体，你不能破坏这种平衡。

有一个办法是可以延迟更年期的，是很合理的办法，是健康的科学的办法。这个办法就是多生几个孩子。因为孕期孕激素水平高，妊娠对子宫内膜有保护作用，所以多孕育是有利于女性健康的。过去的女性，50岁、60岁还可以生孩子，现在的人40岁就已经进入更年期了，从某种程度上是因为现在孩子生得少的原因。

有斑块并不可怕，可怕的是斑块不稳定。前不久有一个阿联酋很帅的王子，由于心梗去世了，就是因为斑块不稳定。其实斑块堵一半也是没有问题的，因为人体有很强的代偿性，一般你不去跑马拉松，不去跑百米，你是不需要那么多的血液供应的，但是斑块不稳定会特别危险。斑块不稳定就会破裂，破裂之后就会形成血栓，把重要的血管完全堵死。

心梗多半是因为斑块不稳定造成的，就好比山体滑坡一样，我们平时看没事，突然下大雨，暴风，又有一点泥石流，山体就滑坡了。血管也是一样的道理，斑块稳定住，不破裂，这是很重要的。另外要避免便秘，为什么呢？因为便秘的时候一用力，容易导致斑块破裂，这也是很危险的。

德国科隆体育学院，全世界NO.1的体育学院，前两年出了一个报告显示，让一个人的血管斑块稳定的方法很简单，就是每天或者每两天一次，进行半个小时左右的快步走。第一，要走30分钟左右；第二，一定是快步走，不是跑步，跑得太快也是不行的；第三，快步走的强度是怎样的呢？在走的时候可以同旁边人说话，不会喘得断断续续的，这种强度就可以了。

冠心病患者一定要靠冠造来确诊，冠造就是冠状动脉造影。如果有客户、家人或朋友被医生诊断为冠心病，或者怀疑是冠心病，或者他经常感觉胸痛时，我们要主动地配合医生的建议去做冠造。

我讲一个团队里张老师家的事情。张老师的父亲是老师，2014年11月份，在课间休息的时候发生了心绞痛，后来我们把他带到北京来做冠造，发现他堵了有80%了，马上就做了一个支架。如果不做的话，其实是很危险的，他还很年轻，才五十几岁，在未来的很多时候，如果遇到寒冷、用力过度或者是太过于兴奋，又或者自己生气，都可能会导致心梗，危及生命，就像下大雨起暴风的时候容易泥石流一样。其实，如果不是因为我们的坚持，他不会这么快来北京的，他所在的地方医院的医生或许是因为担心到北京挂不上号、住不上院，就劝他不要来北京。我们知道这个情况后，很快就帮他联系好了北京最好的心血管医院，张老师的父亲很顺利来到北京做了这个手术，现在恢复得很好。

做支架是一次不能超过三根的，这是我国的心血管病介入治疗专家的共识。每一次做支架，顶多放三根，因为支架是异物，血管会有排异反应，支架越多排异反应越强烈，会导致放支架的血管里面再长血栓和狭窄。所以规定，放三根是最多的，超过三根是容易有问题的。

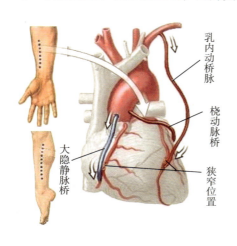

乳内动桥脉

桡动脉桥

狭窄位置

大隐静脉桥

另外就是搭桥手术，这个手术是我们保险公司重疾险的必保疾病。前两天阜外医院的一个大夫跟我聊天，他们医院做了很多心脏外科手术，是国家心血管病中心。他说，阜外医院 2014 年心脏外科手术死亡例数的比例是千分之四点五，美国死亡例数最低的克利夫兰医院的死亡率是千分之六，这是美国 2013 年的统计数据。就是说，我们阜外医院的死亡率比美国最好的医院还要低。

心脏搭桥手术水平的高低，首先要看血管的缝合，这个全凭大夫的手法。如果大夫缝得不好，半边血管都缝起来了，缝完了血管不是那么通透，血流量就会减少一半，那自然就有问题。除了血管缝合的质量，所用的这根桥，就是这根血管也是有影响的。如果这根静脉是曲张的，就有问题，这样血管也是容易堵死的。所以搭桥手术的质量跟大夫的手艺有关系，跟我们每个人的血管壁的光滑程度也有关系。我们常会建议，要尽量把腿抬起来控控腿，尤其是高跟鞋穿多了的时候，因为手术用的那根桥就取自小腿上的静脉，叫大隐静脉，把腿抬起来，这是为了尽可能地避免静脉曲张。

我们在医院里面做心脏搭桥手术的时候，好多的女性患者腿部的切口会切得很长，这是为什么呢？就是因为静脉曲张，下面的血管不能用，就要一直向上取，可能会取到大腿根。

◎ 阜外医院 10 月 17 日发布的有关三宝病情的新闻通稿

2007 年 9 月 21 日起那日松（三宝）因高烧、皮疹于北京某家三级甲等医院治疗，诊断为"带状疱疹，血栓性脉管炎"。因高烧持续不退，9 月 25 日三宝转入北京另一家大型三级甲等医院住院治疗，住院期间因突发胸痛伴憋气，被诊断为"急性心肌梗死"，于住院当日和次日接受了两次冠状动脉造影和介入治疗。其后三宝高烧及憋气仍未得到控制。

2007 年 10 月 15 日三宝上述病情进行性恶化，并诊断为：感染性心内膜炎，主动脉瓣脱垂，冠状动脉栓塞，急性前壁心肌梗死，室壁瘤形成，二尖瓣、三尖瓣关闭不全，急性左心衰。因病情持续恶化，当晚五时三宝被紧急转送至阜外医院。送至阜外医院急诊室时，三宝已发生极其危重的左心衰竭和呼吸衰竭，生命垂危，当即在急诊室行紧急气管插管，送入手术室进行抢救手术。抢救手术于 19 时 30 分开始，成功实施了主动脉瓣感染性赘生物清除，主动脉瓣置换，室壁瘤切除，冠状动脉搭桥及二、三尖瓣修复术，手术持续到次日凌晨 1 时左右结束。

手术后三宝心脏功能开始恢复，呼吸功能仍需要呼吸机及人工膜肺支持。目前三宝病情尚平稳，医院医护人员希望三宝在心功能恢复的同时，能平稳度过感染控制与呼吸功能恢复两大难关。

瓣膜病也是我们重疾险承保的病。我们心外科医生闲聊时说，什么样的人容易得这种病？有四个词，如果这四个词都满足，这个人就容易得。这四个词是：年轻，未婚，异地工作，女性。为什么呢？根据过去的经验，一个年轻女孩子，在异地工作，家人不在身边，还单身，没有爱人照顾，她如果生病了，得了重感冒，多半是不会去医院的，这种女孩子里宅女居多，轻易不出门，吃饭都是叫外卖，生病了，一个人在屋里面躺着，又很哀怨，心情又不好，就容易导致瓣膜病。

结婚后的女性就不一样了。她结婚生孩子了，女性的身体结构改变了，相对来讲比她未婚的时候不容易生病，身体变强壮了。不光是有人照顾她了，她还要照顾孩子，女性在结婚前看到蟑螂都恐惧，结婚之后有了孩子，就算看到狼都不怕了。因为有家庭了，有爱人照顾，就会有安定感。

现在阜外医院做心脏手术，尽可能采用介入的方法，这样会降低风险。之前做心脏手术是必须要开胸的，一提开胸大家就觉得很恐怖。现在手术有两种方式：一种是从大腿根部进去，做一些瓣膜置换类的手术；另一种是通过右面的胸腔，小切口进去，做一些大一点的手术。这两种一种叫介入手术，一种叫微创手术。

按照中国目前的重疾险赔付条款，如果做介入的话是不能赔的，也就是说介入做瓣膜是不能赔的，因为没有开胸。这是事实，这是因为制定条款的时候是在十年前，那时候医学还没那么发达。但是做微创手术是一定可以赔的，微创的口子虽然小一点，但它也是让胸腔和外面打通了。

安全的血压还是 140/90mmHg 吗？

根据全世界最新的研究，血压控制在 120/80mmHg，这个人的寿命更长，中风率更低。

美国联邦卫生部门正式宣布，一项最初由 National Heart, Lung and Blood Institute（NHLBI）主导，NIH 基金参与的大型临床研究项目 Systolic Blood Pressure Intervention Trial（SPRINT）提前终止，因为试验结果已经非常明确清楚，为了挽救更多人的生命，无需等到原定的 2017 年结项时间到来，立刻公布研究结果。

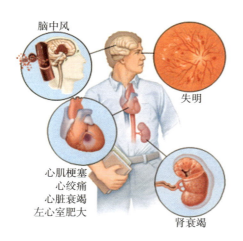

脑中风

失明

心肌梗塞
心绞痛
心脏衰竭
左心室肥大

肾衰竭

该研究启动于 2009 年，全美有 100 多个医疗机构，符合研究标准的 9300 名、年龄 50 岁以上的高血压患者参与，这是迄今为止美国最大的高血压临床研究项目。其目的是为了回答一个医学界争议不休、迷惑不解的问题：高血压患者究竟血压降多少才算达到正常指标？（How low should blood pressure go？）

这个研究的结果显示，尽管血压 140/90mmHg 以上是高血压，血压低于这个就不是高血压，但是如果我们的血压在 140/90mmHg 以下，但在 120/80mmHg 以上，死亡率、中风率还是会明显增加的。也就是说，根据全世界最新的研究，血压控制在 120/80mmHg，这个人的寿命更长，中风率更低。如果家人、朋友中有血压高的人，一定要把这个信息分享给他们，控制血压，要再往下控一控。

在中国，100 个成年人中有 20 个血压高的，纵观每一个人的家庭、亲友、客户，很多成年人的血压是有问题的。所以，我建议送客户血压计，就是手腕式的血压计，尽管相对来讲手腕式的血压计不是那么准，但是从方便性来讲，使用率还是蛮高的。送礼物的同时可以提示客户，血压是一个成年人容易疏忽的问题。

从医学的角度来讲，血压高很容易导致心脏病，如果血压不高的话，那心脏病的发病率会降低 50%。

前面提到过让血管斑块稳定的方法，这同时也是降血压的方法，每天半个小时快步走，不仅可以稳定血管斑块，还可以把血压降下来。

今年 5 月份的时候，北京市某三甲医院有一个姓宋的医学博士，在医院值班的时候发现胃不舒服，后来到凌晨的时候加剧，抢救无果去世。一个年轻的医生，30 来岁，还是未婚单身，胃痛最后去世了，原因是什么呢？其实是心梗，胃痛不过是心梗的症状之一。

他是因为心梗去世的，只不过表现是胃痛，因此被疏忽了。一个医生在医院里面都会死掉，自己在家里面如果发生心梗，可想而知后果有多严重。这就提示我们，如果家里有心脏病人的话，要多注意一点心脏病的表现，不仅是胸痛这个典型的表现，也有可能是胃痛，也有可能是脖子痛，甚至牙痛。

下图就是心梗的一些表现。急性心梗是我们保险公司重疾险必保的六种核

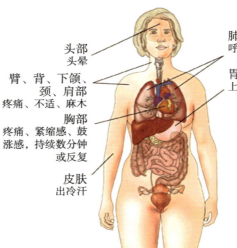

头部
头晕

臂、背、下颌、
颈、肩部
疼痛、不适、麻木

胸部
疼痛、紧缩感、鼓
涨感，持续数分钟
或反复

皮肤
出冷汗

肺
呼吸困难、憋气

胃
上腹痛、烧心感

其他表现
咳嗽、心悸、消化
不良感觉，还有些
患者在心脏病发作
前数天或数周会表
现出极度疲劳。

心重疾之一。如果遇到颈部、肩部有疼痛、不适、麻木，有可能是颈椎的毛病，也有可能是心梗。心梗最典型的症状是胸部的疼痛、紧缩感、苦胀感，持续反复。

这时不得不提阿司匹林，阿司匹林最一开始是消炎镇痛的药物，它是从柳树皮里面提取出来的。因为人们发现动物在受伤疼痛后，就去柳树上蹭伤口，后来就从柳树皮里面提取了这个消炎药，来消炎镇痛，这就是阿司匹林的由来。

后来发现这个药不光有镇痛的作用，它还可以稀释血液，降低脑梗和心梗的发病率。最近十年，日本、美国的数据显示，它还可以降低很多癌症的发病率，特别是肠癌。阿司匹林是在我们目前的医学认知里面，能够预防最广泛的重疾的药物，预防很多癌症，降低脑梗、心梗发病率，它还能够减少疼痛。

2013 年、2014 年，阿司匹林连续两年是北京市医保里面花钱最多的药。但这个药并不贵，不贵还花这么多钱，说明它是被广泛地应用。阿司匹林有一定的副作用，它可以稀释血液，容易导致内脏出血、脑出血，所以要慎用，要询问医生是否适合。如果有下面的情形，比如说磕碰一下立马就瘀青的人，多半是容易出血的人，还有刷牙老出血的人，或者是抽血后凝血时间比较长的人，这些人都需要征求医生的意见。一般过了 40 岁以后，经过医生同意的话，可以开始考虑吃一点阿司匹林，因为它可以降低很多重疾的发病率。两害相权取其轻，从预防重疾的角度，有很多人在长期服用阿司匹林。

统计显示，70% 到 80% 的老年人都在吃这个药，但可能吃的时间点不对。这个药要在睡觉前服用，很多人都是在饭后吃。为什么要在睡觉前空腹吃阿司匹林呢？第一，浓度能够最大化；第二，更可以预防多半在凌晨发生的脑梗和心梗。

五年生存率

癖症患者如果能挺过五年，那他生存的可能性与常人无二。

五年生存率，又称五年存活率。癖症治疗的五年生存率是医生用来评价手术和治疗效果的。

五年生存率也是我在讲座时要求现场听众必须记住的五个字，因为在医学领域里，一般认为，癖症患者如果能挺过五年，那他生存的可能性与常人无二，所以癖症患者经过专业治疗后，就需要足够的康复金，帮助他争取最大可能性地挺过五年。

癖症和其他疾病不同，出院以后的康复很关键。不少患者经过手术切除、放疗和化疗之后，从表面上看，精神、饮食、休息都不错，能够像正常人一样工作和生活，生化指标、X线、超声甚至CT、MRI检查也没发现任何异常，但在三五年内就又出现了肿瘤复发或转移。

专家经过大量的临床观察和资料统计，发现肿瘤患者的复发和转移，80%左右是在手术根治术后三年左右发生，这就形成了用"五年生存率"的概念去评价癖症的治疗效果的机制。

大量临床调查还发现，肿瘤患者如果能生存五年以上，发生复发和转移的仅占 10%，所以"五年生存率"不是意味着只能活五年，而是意味着已接近治愈。

因此，五年生存率对于癌症来讲，是一个很重要的指标。一个国家癌症治疗水平的高低，就看五年生存率。医生们都有一个习惯，一见肿瘤患者就问：几年了？你说五年了，那恭喜你；如果不到五年，那你还得努力。

各国癌症五年生存率

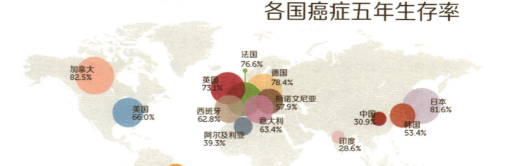

加拿大
82.5%

美国
66.0%

巴西
53.9%

法国
76.6%

英国
73.1%

德国
78.4%

西班牙
62.8%

斯诺文尼亚
57.9%

意大利
63.4%

阿尔及利亚
39.3%

中国
30.9%

日本
81.6%

韩国
53.4%

印度
28.6%

澳大利亚
80.7%

看这张图，这是各国癌症五年生存率的表。从图中可以看出，中国是30.9%，美国是 66%，日本是 81.6%，加拿大是 82.5%。看这个数据我们就知道了，为什么中国人对癌症恐惧，西方就不是那么恐惧，就是因为在西方得了癌症存活率这么高，在中国得了癌症就不容易活。这就是现状。

为什么癌症是慢性病而不是绝症？

　　有三分之一的癌症是可以通过预防避免的；有三分之一的癌症是可以通过早诊根治的；还有三分之一的癌症，即使不能避免、不能根治，也能够通过规范治疗延长生命、提高生活质量。

　　我们过去认为癌症是绝症，其实癌症是慢性病。

癌症是最有耐心的"杀手"，接触致癌因素使细胞癌变，到最后形成肿瘤，往往需要几十年的时间。	发病缓慢
癌症通过及时、有效和长期治疗，可以像糖尿病、高血压一样得到控制，甚至让患者与癌症和平共处很多年。	长期生存

癌症是一种慢性病，这是比较清楚的结论了，我们过去认为癌症是绝症，是因为因癌致死的比较多，中国的预防体系不是那么强，康复也做得不好，所以中国人对癌症就恐惧了，把它看为绝症。其实世界卫生组织从2006年就说了，癌症是一种慢性病，它不是一个绝症，如果说晚期或许会死亡，早期死亡的比例则越来越少。

为什么国外的人得了癌症不太容易死亡？是因为癌症早期发现的比较多。荷兰的足球运动员罗本，号称"小飞侠"，他得癌症已经10多年了，当时他转会参加体检，查得很仔细，他的癌症是早期发现的，这么多年了，他现在还可以参加世界杯。

癌症的形成一般需要10年到20年的时间，经过及时有效长期的治疗使其得到控制，让癌症患者与癌症和平共处很多年，这是用最规范的态度对待癌症。有一个三级预防体系，这是每一个医学生都需要掌握的。这个三级预防体系，对于癌症来说就是，有三分之一的癌症是可以通过预防避免的；有三分之一的癌症是可以通过早诊根治的；还有三分之一的癌症，即使不能避免、不能根治，也能够通过规范治疗延长生命、提高生活质量。

三级预防理论：

WHO 顾问委员会于 1981 年提出

一级预防：消除病因，降低癌症发生率。

二级预防：早发现、早诊断、早治疗，降低死亡率。

三级预防：康复治疗，提高生活质量，延长生存期。

我们过去认为癌症是绝症，现在知道其实癌症是一种慢性病，中国目前30% 的五年生存率是比较低的，而欧美、日本都是比较高的，所以我们现在需要重新审视关于癌症的三级预防理论。

关于癌症，中国的现状是重治疗轻康复的，不论是销售重疾险的业务人员，还是购买重疾险的客户，往往也只是关注医疗费用，而不会关注后续的康复。

你如何卖给客户一张上千万保额的保单？得了癌症赔付的目的不是因为那些治疗费用，是因为我们需要康复，是因为我们希望能挺过五年，是因为我们希望能够有更好的生命的延长，绝不只是简单的一个医疗费。而今天我们大部分的保险业的人，以及我们的医生，我们所有的从业者，都在讨论的却只是医疗费用。

重疾险和医疗险同属于健康险，但又截然不同，所以在销售保险时，谈论重大疾病导致的昂贵医疗费用，其实是在谈类似高端医疗保险等以医疗费用报销为主的医疗险，而不是重疾险，但恰恰大家都在这么做。

我们中国的癌症治疗其实应该重康复而不只是重治疗，所以我不是很愿意大家去谈医疗费用。和客户谈医疗费用，你就开始和客户扯了，你说医疗花费，他就说我有社保啊，你说社保报销不够啊，他就说我有房子啊，我可以卖一套房子。其实，这样谈就疏忽了癌症患者确诊后五年生存期的问题。重疾险是一个工作收入损失的险种，它不是一个医疗费用的险种，因为医疗险是什么，是以医疗行为是否发生为赔付条件的，重疾险是以重大疾病诊断为赔付条件的，这是两个体系。不可否认重疾险赔付了之后是可以起到一部分的医疗费用的功能，分担病人的压力，但是重疾险从核心来讲就不是一个解决医疗费用的险种。

因为大部分人会觉得癌症比较远，所以你就要去提医疗费用，却不知道可能会适得其反。为了让他了解癌症，我倒是建议收集一下得了癌症的名人，在去见客户之前，作这方面的准备更有价值。你说的这个名人，必须是你面谈的这个人在意的，比如说领导人，比如说娱乐明星。举个例子，如果去和工程师面谈，你就收集 IT 界的名人，你不要以为他知道，很多人在忙他自己的生活，并不会注意到这些名人得了什么重疾。你要去收集他熟悉的人，这样他就会有感觉。

在中国的整个金融体系里面，保险大概占不到 5%，而在美国的体系里面，保险的占比达到 50%。从这一点上看，我们中国的保险未来的空间很大。美国的创业公司，他们所有的创业产品，都是以保险公司、大企业为目标客户的。

你不一定知道的恶性肿瘤数据

为什么客户会说重疾险是保死不保病的？

为什么即使得了肿瘤，身体也没有感觉？

我们中国目前恶性肿瘤发病率排名第一的是肺癌，每 5 个恶性肿瘤里面就有 1 个是肺癌，每 4 个男性恶性肿瘤里面就有 1 个是肺癌，男性的肺癌发病率更高一些。女性排名第一的是乳腺癌。

　　过去十年里面，食管癌、胃癌、肝癌的发病率反而降低了，为什么呢？食管癌、胃癌、肝癌这三个都属于穷癌，什么是穷癌？就是经济条件不太好的地方容易得的癌症，因为现在生活条件变好了，所以相对来说，这三个癌的发病率降低了。

　　这五个是过去十年里面发病率增长最快的癌症。我们知道，癌症如果能够早发现，预后的情况就特别好。美国出了一个关于恶性肿瘤早诊的指南，指出有七个癌症是比较容易早发现的，其中四个中国也比较认可。癌症早筛的话，这四个必须要做，那么是哪四个呢？肺癌、肠癌和女性的乳腺癌、宫颈癌这四个癌症。女性做四个，男性做两个。在上述发病增长率快的癌症里，有三个都是容易被早发现的。

现状来讲，城市和农村的五年生存率不太一样。相对来讲，城市癌症的发病率高，但是死亡率还是低一些的。原因是什么呢？央视的报告中称，农村的癌症多半是穷癌，肺癌、食管癌、肝癌，这些穷癌本身就是很难治的，再加上农村医疗条件和经济条件的限制，发现得会比较晚，治疗又不规范、不及时，导致他们的生存率就更低了。

我强调一下，这是由于医疗资源不均衡。这三年来我们重疾不重团队每天都会收到不低于两位数的、来自于全国各地方的会诊需求。北京市常务副市长李士祥在第十二届全国人大三次会议北京代表团全体会议上透露，每天有70万外地人进京看病，北京市三级医院的就诊人员1/3来自外地。北京已成为"全国看病中心"。如果不幸得了重疾，大多数人都不能接受只在当地医院看，即使不能用社保。

这些数字你一定要清晰地记得，这是截止到2015年4月份我们国家癌症的五年生存率，肝癌是10.1%，肺癌是16.1%，食管癌是20.9%，胃癌是27.4%，结肠癌是47.2%，乳腺癌是73%。

当你的朋友问你，得了某某癌症能活几年啊，你就可以告诉他，这几个癌症的五年生存率是这样的。相信这些对他是有帮助的。

从数据可以看出，我们国家的肝癌、肺癌的五年生存率是比较低的，其实中国总的癌症的五年生存率只有30%左右，也是偏低的。

为什么客户会说重疾险是保死不保病的？

第一，中国癌症的五年生存率总体是30%，中国的"国癌"肝癌五年生存率仅为10%。

第二，中国癌症的五年生存率比欧美、日本要低一半以上。

第三，新闻中听到的大多是某个人因为某种癌症去世的消息，比如笑林、汪国真等，但很少听到这个人得了癌症，正在进行规范治疗，像李开复这样的例子就很少。

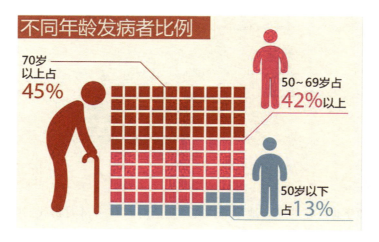

这是上海的统计数据，从中我们看出，癌症跟年龄的关系最大，有45%的癌症是70岁以上得的，真正50岁以下的癌症患者还是比较少的，所以说癌症

其实是一个老年病。当然不排除因为空气、环境、饮食、遗传或者压力过大等原因导致癌症发病年龄提前，但是总的来讲，还是**年龄越大，癌症的发病率越高**。

今天中国的癌症发病率增高，是平均年龄增加的原因。有人说生活环境不一样了，过去的空气好、水好、天也好，现在的环境就很恶劣，但你要知道，过去因为经济落后、医学水平落后，人们的平均寿命很短的，就像是建国前人的平均寿命是 38 岁，还不到 40 岁呢。那时候的人，可能还没有活到肿瘤长出的时候，就已经去世了，所以发病率不高。今天的癌症发病率增高，是因为空气也不好了，天也没有那么蓝了，压力也大了，食物也不像以前那么干净了，但是，年龄大是不能忽视的原因。我们要明白这个逻辑，要客观描述事实，而不要只是去吓唬客户。

我说：我相信，一个人这一生一定会得重大疾病，如果没有得，那是因为别的原因先离开了，还没有机会得。

有人说，我的邻居、爷爷奶奶他们就没得什么大病，最后是无疾而终的，又该如何诠释这句话呢？

事实上，无疾而终就是因为心脏衰竭，引起心衰最常见的原因就是冠心病，而冠心病当中的急性心肌梗塞和冠脉搭桥术都是重疾险承保的疾病及手术。只是心衰导致的死亡被列入了死亡的范畴，所以在保险公司中，会按照寿险来理赔。

世界上有 20% 的癌症是由慢性感染引起的，而我国这个数字是 30% 左右。所以要避免慢性的宫颈炎，避免慢性的盆腔炎，避免慢性的肺炎，避免慢性的阑尾炎。

目前很多人的防疫系统已经出现问题了，不敏感了，也就是说即使得了病也没有什么感觉。为什么不敏感了呢？我们大多处于亚健康的状态，加班、熬夜、压力等等，我们的人体每天都在调整，让自己适应这种不舒服的状态，所以即使肿瘤出现了，造成了不舒服，也会以为这是正常的不舒服，把它忽略掉。

从理论上讲，如果你的身体很敏感的话，出现肿瘤你是应该知道的，至少是有些感觉的，但是今天我们处在这样的社会情况下，头疼、发烧，都会以为那是感冒，挺挺就会过去了。挺得久了，就容易引发慢性的炎症。

年满 40 岁以上的人，应该做胃镜、肠镜来筛查胃癌、肠癌，应该做低剂量螺旋 CT 筛查肺癌。乳腺癌的筛查，20 岁开始就要做了，按照北京市卫生局的建议，20 岁以后每隔 2 到 3 年要做一次乳腺癌筛查，40 岁以后应该每年都要做。因为我们的敏感度偏弱，这种强制性的检查就很有必要了。

第二部分

早诊断

癌症早期发现的十大信号

早诊是癌症防控里面最有效的一个环节。

1. 不明原因体重减轻；

2. 不明原因早起时鼻子出血；

3. 持续咳嗽；

4. 长期异常的肿块或结节；

5. 持续性腹部疼痛或消化不良；

6. 尿血或便血；

7. 不规则的阴道出血；

8. 迅速增大的黑痣或疣；

9. 说话声音嘶哑；

10. 进食时吞咽困难。

这十个是我们说的癌症的早期信号，如果这些信号出现的时候，我们不是很清楚，但我很能忍，也许就忍过去了，实际上可能这时候肿瘤已经有了，忍过去了就让发现的时间变得更晚了。所以从医学来讲，癌症的早筛很关键。

癌症防控包括预防、早诊、规范治疗和预后的康复，在这里面癌症的早诊是最关键的。要想实现预防不是一件容易的事，为什么呢？我说你不要抽烟，其实你还是会抽，我说你不要加班，但是你必须得加班，奋斗嘛，总得有代价，所以预防是说得多，做得少。规范治疗要受医疗条件的限制，不过也是发现得越早，越有接受规范治疗的机会。早诊是我们癌症防控里面最有效的一个环节，现在全世界的很多地方都把早诊作为了一个核心。

　　癌症的早期诊断，是我们花时间、花精力、花钱在里面就能够起到效果的。而且这些早诊的病例，如果被确诊的话，多半保险还能赔，治疗后还能活得很久，这对人的生命来说是有很大意义的。现在有很多保险公司都在做一些医疗服务，比如说保额超过几十万会送你就诊陪诊的服务，其实，我认为应该在早诊上下功夫，这是最有意义的。

美国 ACS 的防癌指南

乳腺癌的筛查

宫颈癌的筛查

腺瘤性息肉和结直肠癌的早期随访与筛查

前列腺癌的筛查

子宫内膜癌的筛查

肺癌的筛查

早期卵巢癌的筛查

美国癌症协会（ACS）2015 年度报告对现有 ACS 癌症筛查指南、如何指导医疗工作者、促进公众了解早期癌症筛查等内容作了总结，同时更新了癌症筛查率数据，讨论了文献的选择和早期癌症筛查等主题。报告数据发表在今年的 CA：A Cancer Journal for Clinicians 杂志上。

ACS 至少每 5 年进行一次指南更新，在最新的更新中阐述的内容有：宫颈癌筛查指南的变化；乳腺癌、结直肠癌和肺癌筛查模式的形成；来自国民健康访问调查（NHIS）的最新癌症筛查数据。

乳腺癌的筛查
乳腺癌是皮肤癌之外美国妇女最常见的癌症之一，是美国女性死亡的第二大原因，是女性因癌症过早死亡的首要原因。

1. 临床乳腺筛查（CBE）和组织活检

现有普危妇女早期检测乳腺癌指南包括常规 CBE。

20 ～ 39 岁年龄段，普危女性每 3 年 1 次 CBE；

40 岁后每年 1 次 CBE，CBE 应在定期健康筛查时进行，早期发现早期癌症。

ACS 指南不推荐也不反对常规乳腺自检（BSE）。

2. 钼靶筛查

ACS 推荐从 40 岁开始，普危女性每年进行钼靶筛查，并了解筛查能明显减少进展期乳腺癌风险，明显减少死于乳腺癌的风险。

停止钼靶筛查的年龄上限值没有明确规定，停止时间应充分个体化评估潜在获益与损害情况，明确患者健康状态与预期生命长度。如果女性处于良好的健康状态，能够耐受乳腺癌治疗，那可持续进行钼靶筛查。

3. 高危人群

2007 年 ACS 指南推荐对如下人群进行指导教育，包括已知或潜在乳腺癌、卵巢癌易感基因（BRCA）突变携带者或其他罕见、高危遗传因素患者，儿童期因癌症接受过胸壁放疗者。这些高危女性推荐从 30 岁开始，每年进行一次钼靶和 MRI 筛查。

宫颈癌的筛查

2012 年 ACS、ASCCP 和美国临床病理协会联合发布宫颈癌筛查指南，2012 年 USPSTF 也发表类似推荐，预防性 HPV 疫苗使用推荐包括具体的政策和实行措施。复查指南根据女性年龄、筛查史、风险因素、筛查项目选择等推荐不同的筛查策略和选择。具体如下：

1. HPV + 宫颈 TCT 细胞学筛查

宫颈癌的筛查应从 21 岁开始。美国 FDA 批准 HPV 检测作为原发性宫颈癌的筛查，可以单独进行，无需与细胞学筛查同时进行。

小于 21 岁女性无需接受筛查，不用考虑开始性生活的年龄。21 ~ 29 岁的女性每 3 年进行 1 次细胞学筛查，不用 HPV 筛查。30 ~ 65 岁女性，优选方法是每 5 年进行 1 次联合"HPV + 细胞学筛查"，也可每 3 年进行 1 次细胞学筛查。大于 65 岁的女性，如果停止筛查前 10 年内、末次筛查近 5 年内、连续 3 次细胞学筛查阴性或是连续 2 次"HPV + 细胞学筛查"阴性，则可停止筛查。

特别考虑：上述推荐适合普危女性，但不适合如下女性：宫颈癌病史、宫内已烯雌酚暴露史、化疗、器官移植或慢性糖皮质激素治疗史、HIV 阳性。

有过宫颈切除术者不必筛查，除非存在宫颈上皮内肿瘤 2（CIN2）病史或较其更严重的诊断；女性接受过次全子宫切除术者应按照普危、未接受过次全子宫切除术女性的筛查推荐进行筛查；有 CIN2 或较其更严重诊断史的女性应持续按照 30 ~ 65 岁女性常规推荐筛查，至少持续 20 年，即便年龄已超过 65 岁；HPV 接种状态受不改变筛查推荐。

2. HPV 阴性非典型鳞状细胞（ASC-US）的筛查

2013 年 ASCCP 更新了不正常筛查结果处理指南：如果 HPV 阴性但存在 ASC-US，则应在 3 年内复查，而非 5 年；还认为 HPV 阴性 ASC-US 不应在 65 岁时停止筛查。

3. HPV 疫苗

ACS 推荐 11 ~ 12 岁女性常规接种 HPV 疫苗，也可用于 13 ~ 18 岁错过疫苗接种或未进行完整疫苗接种的女性。没有充足证据推荐或反对 19 ~ 26 岁女性接种 HPV 疫苗，若有接种意向应与医师讨论既往 HPV 暴露风险以及免疫接种的潜在获益。

根据现有的 ACS 早期宫颈癌预防和早期筛查推荐，无论是否接受过 HPV

疫苗，都应连续接受 HPV 和 TCT 细胞学癌症筛查。

腺瘤性息肉和结直肠癌的早期随访与筛查

2015 年 ACS 预期 132700 人诊断结直肠癌（CRC），49700 人死于该病。CRC 发生率和死亡率在过去 20 年里呈下降表现，大部分归因于预防和早期筛查。2008 年更新了普危成人腺瘤性息肉和结直肠癌的早期随访与筛查指南。

筛查的选择要依据个体风险、个人喜好和筛查可行性进行。

1. 普通人群 CRC 筛查

筛查主要分成二类：癌症的筛查，包括 gFOBTs 法和 FITs 法的粪潜血，以及粪便脱落 DNA 筛查；癌症和进展期损害的筛查，包括内镜、放射学筛查，如软乙状结肠镜、结肠镜、双对比钡剂灌肠、CT、虚拟结肠镜。指南表明所有推荐筛查都是可选择的，CRC 预防是筛查的首要任务。

普危成人 50 岁时应当开始 CRC 如下的筛查之一：每年 1 次高敏感度的 gFOBT 或 FIT，要依据生产厂家推荐进行标本收集（单次筛查敏感性有限，并不是最好的选择）；每 3 年 1 次 sDNA 筛查；每 5 年 1 次软乙状结肠镜筛查；每 10 年 1 次结肠镜；每 5 年 1 次双对比钡剂灌肠；每 5 年 1 次虚拟结肠镜。

2. 高危人群 CRC 筛查

高危人群包括：腺瘤性息肉史、CRC 治愈性切除史、一级亲属 CRC 或结直肠腺癌家族史、持续炎症性肠病、已知或怀疑存在遗传性综合征，如林奇综合征或家族性腺瘤性息肉病。

ACS 及其他机构推荐高危 CRC 人群要进行更高强度的随访，提高随访强度通常意味着结肠镜检，还包括更频繁和更早启动筛查。

前列腺癌的筛查

在美国，前列腺癌是皮肤癌之外男性最常见的癌症，2015 年美国预计有新诊断前列腺 220800 例，27540 例死于前列腺癌。自上世纪 90 年代起，黑人、白人男性前列腺癌的发生率和死亡率已开始下降。

筛查方法：前列腺癌筛查应在知情决定条件下进行，接受筛查者需明确前列腺癌筛查的获益、风险与不确定性。

目前 ACS 早期前列腺癌筛查指南公布于 2010 年，指南指出男性如果预期生命有 10 年者应有知情权，并与医师共同商讨决定是否行前列 DRE 腺癌筛查和血清 PSA 检测。无症状且预期生命不足 10 年者不必行前列腺癌筛查。

决定行前列腺筛查的男性，推荐 PSA 筛查，因 PSA 敏感性下降导致性腺功能不足者应 DRE 与 PSA 一起筛查。PSA < 2.5ng/mL，筛查间隔延长至每 2 年 1 次；PSA ≥ 2.5ng/mL 每年筛查 1 次。PSA ≥ 4.0ng/mL，以往推荐转诊或活检，现仍适用普危男性；PSA 在 2.5~4.0ng/mL 之间者，医师应个体化评估，综合考虑其他前列腺癌危险因素。

子宫内膜癌的筛查

2015 年，ACS 预计将有 54870 名女性诊断为子宫内膜癌，10170 女性死于子宫内膜癌。

2001 年，ACS 认为没有充足证据表明普危或风险增高的（雌激素治疗、他莫昔芬治疗、绝经晚、未生育、不孕或无排卵、肥胖、糖尿病、高血压等）女性应行常规子宫内膜癌筛查。ACS 推荐普危或风险增高女性在绝经开始时应了解相关风险与症状，及时报告异常症状。

子宫内膜癌高危女性（林奇综合征、高龄可能携带突变、虽无基因检测但怀疑有家族常染色体显性遗传倾向结肠癌）可考虑自 35 岁开始每年行子宫内膜活检，这是确定子宫内膜状态的标准方法。

肺癌的筛查

肺癌是男性和女性因癌死亡的首要原因。2015 年 ACS 预计将有 222200 新发肺癌病例，158040 人死于肺癌，约占美国所有癌症死亡的 27%。

LDCT 筛查

筛查者应依据 NLST 方案每年一次进行 LDCT 而非胸片。

2014 年，USPSTF 也发布了肺癌筛查推荐，推荐级别为 B 级，将筛查年龄延长至 80 岁。

2014 年 10 月，美国联邦医保和医疗援助服务中心（CMS）提出现有证据支持实施肺癌筛查，拟覆盖每年 1 次 LDCT 肺癌筛查。CMS 总结了可能获益的筛查标准，并纳入了咨询与决定的程序。CMS 最终会于 2015 年作出决定。

早期卵巢癌的筛查

与卵巢癌和宫颈癌相比，卵巢癌的发生率较低，但它是妇科肿瘤中最致命的。2015 年预计将新诊断 21290 例卵巢癌，14180 人死于卵巢癌。卵巢癌生存超过 5 年者不超 50%，局部早期卵巢癌生存超 5 年者则超 90%，遗憾的是，仅有 15% 的卵巢癌患者是早期。

卵巢癌诊断与筛查的方法包括盆腔检查、CA125、阴道超声（TVU）和蛋白质组学筛查。对无症状卵巢癌患者，盆腔筛查的敏感性和特异性差，不宜作为常规筛查方法。CA125 敏感性和特异性有限。TVU 能发现小的卵巢肿块，能区分部分良恶性肿块，但区分良恶性的能力较差。

中国的防癌指南

乳腺癌

子宫颈癌

肺癌

食管癌

胃癌

大肠癌

肝癌

鼻咽癌

2003 年 12 月，我国卫生和计划生育委员会（原卫生部）颁布了《中国癌症预防与控制规划纲要（2004～2010 年）》，明确提出"制定主要癌症早期发现、早期诊断及早期治疗计划并组织实施"。为促进该项工作的落实，在原卫生部疾控司领导下，中国癌症基金会（CFC）制订了我国 9 种主要恶性肿瘤的筛查指南。

经广泛讨论和修订，CFC 于 2004 年出版了《中国主要癌症的筛查及早诊早治》，2005 年出版发行《中国癌症筛查及早诊早治指南（试行）》[以下简称《指南（试行）》]作为我国癌症筛查及早诊早治工作的重要依据。迄今为止，在《指南（试行）》基础上，2009 年《中国癌症筛查及早诊早治技术方案（试行）》出版，2011 年《癌症早诊早治项目技术方案》出版，均从临床技术规范入手，补充和完善《指南（试行）》。本文探讨的中国筛查指南即以 CFC 制定的指南及相应修订版为基础。

乳腺癌

由于我国女性乳腺癌发病年龄高峰早于美国，我国建议乳腺 X 线摄片（钼靶）筛查起始年龄较美国早 5 年；由于经济水平和乳腺密度的差异等因素，经济简便、无放射性的乳腺超声成为我国乳腺癌筛查指南推荐的重要初筛方法。我国 2009 年启动了重大公共卫生项目——《农村妇女"两癌"（乳腺癌和宫颈癌）检查项目》，初筛采用临床乳腺检查，自 2012 年改为"临床乳腺检查 + 超声"作为初筛方法，乳腺 X 线摄片作为初筛阳性者的转诊手段。乳腺临床检查和超声筛查的阳性率与临床操作规范性、操作人员技巧和经验等相关，而基层医疗机构中缺乏合格的乳腺外科和超声专业技术人员。截止目前，妇女"两癌"筛查项目的筛查方案评价结果尚未报道。探索基于我国人群循证证据的低成本初筛技术是未来乳腺癌防治重要方向。

子宫颈癌

我国 2005 年出版的筛查指南，则根据不同经济水平推荐不同初筛方案。经济条件较好地区推荐医生取材 HPV 检测结合液基细胞学；中等发达地区推荐医生取材 HPV 检测结合和细胞学；卫生资源缺乏地区可用肉眼观察法。由于基层卫生服务资源有限，我国"两癌"筛查项目采用细胞学或肉眼观察法。由于漏诊率高且缺乏有资质细胞学及妇科医生，这两种技术实际应用效果欠佳，不能满足农村宫颈癌筛查需求，是我国人群筛查扩大工作遇到的瓶颈。近年大量研究证实以分子检测为基础的 HPV 检测用于初筛有较高灵敏度和特异度。因此，2014 年卫生和计划生育委员会开展了针对 54.6 万农村妇女的 HPV 筛查试点项目，初次尝试 HPV 检测用于农村人群筛查。

肺癌

2011 版肺癌筛查方案中的初筛方案由低剂量螺旋 CT（LDCT）、胸部常规 CT 或胸部 X 线检查之一联合传统痰细胞学检查转变为仅用 LDCT 初筛。2011 版筛查技术方案中，我国肺癌高危人群的定义更加灵活，包括根据各地肺癌发病资料选取起始年龄；吸烟 ≥ 20 包 / 年；各地区其他重要危险因素也可作为筛选高危人群条件。这与我国肺癌发病率差异大、环境危险因素多样等实际情况相关。我国肺癌人群筛查目前仅限于肺癌高发区（如天津大港、云南宣威）及城市中的高危人群。

食管癌

食管癌是我国特有的高发肿瘤。多年来基于高发现场研究经验，从临床技术研究入手，重点关注内镜筛查技术的准确性，为食管癌筛查提供了相关证据，初步形成内镜下碘染色及指示性活检筛查方案。但该方案定位在高发区、高危人群中开展，方案的人群防治效果尚缺乏以发病率、死亡率为终点的多中心前瞻性队列的验证和评价，人群随访数据在整理分析过程中。内镜筛查方案在全国大范围推广实施，长期效果尚需观察。

胃癌

胃癌筛查推荐使用两种方案，一是开展血清胃蛋白酶原（PG）和危险因素问卷调查初筛，阳性者进入胃镜检查；二是直接开展胃镜检查并根据筛查结果采取相应的随访方案。

大肠癌

我国推荐使用较易于接受的问卷评估和粪便隐血试验初筛，找出高危人群行肠镜检查确诊。尽管肠镜是目前诊断结直肠癌最可靠的办法，但在我国依从性差，故不推荐用于初筛。而对不耐受肠镜者则考虑乙状结肠镜或气钡双重肠道造影检查。

肝癌

对于肝癌高发区的筛查，早期指南推荐的是甲胎蛋白（AFP）联合超声检查作为初筛。目前成为乙肝表面抗原(HBsAg)初筛阳性者的后续转诊检查手段，并根据不同结果对筛查对象进行分流。

鼻咽癌

基于我国鼻咽癌高发现场的研究，鼻咽癌筛查 2005 年至今一直采用基本信息调查、头颈部检查与抗 EB 病毒抗体检测联合筛查高危人群的方案。

癌症

　　恶性肿瘤包括癌、肉瘤、白血病、淋巴瘤，所以恶性肿瘤包含的面比较宽，而癌症相对比较窄。目前我们的重疾险保的第一种病是恶性肿瘤，不是癌。

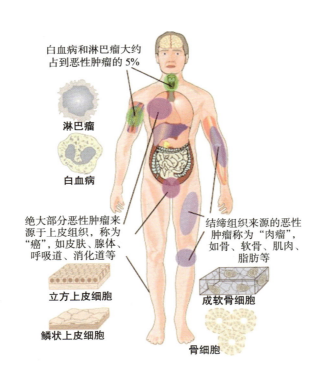

白血病和淋巴瘤大约占到恶性肿瘤的 5%

淋巴瘤

白血病

绝大部分恶性肿瘤来源于上皮组织，称为"癌"，如皮肤、腺体、呼吸道、消化道等

立方上皮细胞

鳞状上皮细胞

结缔组织来源的恶性肿瘤称为"肉瘤"，如骨、软骨、肌肉、脂肪等

成软骨细胞

骨细胞

好多人都认为癌症就是恶性肿瘤，恶性肿瘤就是癌，其实这是不正确的。癌症跟恶性肿瘤不一样，这个一定要记得。癌症是什么？来源于上皮组织的恶性肿瘤才是癌。

什么是上皮组织的恶性肿瘤呢？像皮肤上的恶性肿瘤，叫皮肤癌。像前列腺癌、乳腺癌、甲状腺癌、胰腺癌，这些腺体上的恶性肿瘤，也是癌。呼吸道的恶性肿瘤，比如肺上的肺癌，消化道的恶性肿瘤，比如食管癌、胃癌、肝癌、肠癌等，这些都是上皮组织的恶性肿瘤，就都是癌。

除此之外，血液的恶性肿瘤叫白血病，淋巴的恶性肿瘤叫淋巴瘤，骨骼的、软骨的、肌肉的、脂肪的叫肉瘤，这些都是恶性肿瘤，但都不是癌。

恶性肿瘤包括癌、肉瘤、白血病、淋巴瘤，所以恶性肿瘤包含的面比较宽，而癌症相对比较窄。目前我们的重疾险保的第一种病是恶性肿瘤，不是癌。例如，白血病不属于癌，但属于恶性肿瘤，所以重疾险是保白血病的。

下页图是中国人男性和女性发生癌症的原因。左边是男性，慢性感染占到31.7%，比如说病人有肺炎、胃炎或肝炎等慢性感染，这些感染有可能导致癌症。当我听说一个人是慢性肺炎时，其实我就会很担心，因为在很多地方，炎症和癌症分得不是很清楚，所以若你听说身边的亲友是慢性炎症，就要考虑到是否是癌症早期。在现阶段，大部分的医院是作不了准确的判断的。中国目前肺癌的五年生存率仅为16%，跟这个脱不了干系。

男性慢性炎症排第一，其次是抽烟。抽烟呢，其实包含了一手烟和二手烟，还有三手烟。什么是二手烟呢？我们在聊天，我抽烟，你虽然自己不抽，但你在我旁边，你抽的就是二手烟。如果我在屋里抽完烟，等屋里没我的事儿了，我就走了，可是你还在屋里待着，房顶、地毯、墙壁，都在把烟释放给你，这时候你抽的就是第三手烟。三手烟是指烟民"吞云吐雾"后残留在衣服、墙壁、地毯、家具甚至头发和皮肤等表面的烟草烟残留物。美国能源部下属伯克利劳

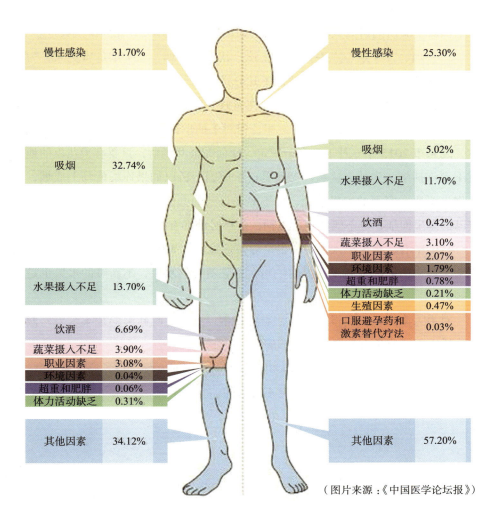

慢性感染　31.70%　　　慢性感染　25.30%

吸烟　32.74%

吸烟　5.02%

水果摄入不足　11.70%

饮酒　0.42%
蔬菜摄入不足　3.10%
职业因素　2.07%
环境因素　1.79%
超重和肥胖　0.78%
体力活动缺乏　0.21%
生殖因素　0.47%
口服避孕药和激素替代疗法　0.03%

水果摄入不足　13.70%

饮酒　6.69%
蔬菜摄入不足　3.90%
职业因素　3.08%
环境因素　0.04%
超重和肥胖　0.06%
体力活动缺乏　0.31%

其他因素　34.12%　　　其他因素　57.20%

（图片来源：《中国医学论坛报》）

中国人群（男性和女性）癌症归因风险值图

　　该研究首次系统评价了中国人群环境和行为危险因素对癌症发病和死亡的负担，对我国的癌症预防和控制具有非常重要的意义。

伦斯国家实验所的研究人员发现，这些残留物可存在几天、几周甚至数月。

一手烟、二手烟、三手烟进行比较，其实二手烟、三手烟危害更大，为什么呢？我抽完烟走了，其实我就抽了几分钟，但你还在里面反复地抽，你可能都没把这当一回事，这就危险了。现在装修完房子，都要放味儿，空上个一年半载的才进去住，为什么？为了健康，但对于抽烟很多人就没这个概念。

北京市2015年6月1日开始规定，任何的公共场所，只要有天花板的地方就不允许抽烟，为什么这么严？就是这个原因。所以如果你不能马上戒烟，那么你也不要在密闭的屋里抽烟，你不要在自己的办公室、自己家的厨房，或者自己的车里面抽，也不能在厕所里抽，这样对谁都有好处。

从图中看，水果摄入不足，也会导致癌症。水果中富含VC，这些VC的量不够，也会引起癌症高发。提醒一句，要吃新鲜的水果，不新鲜的水果也是有问题的。

对男人来讲，避免慢性感染，避免吸烟，另外多吃新鲜的蔬菜水果，做到这三样，就能避免百分之六七十的癌症了。

相比较来说，女性的其他因素更多一些。所以对女性来讲，癌症更加宽泛，更加不确定。从这点来说，女人挺不容易的。

乳腺癌

任何一个癌症患者只要他知道五年生存率，知道挺过五年的重要性，那么他一定会不惜代价挺过五年的。

2015 年 1 月，歌手姚贝娜因乳腺癌复发去世。下面通过对姚贝娜病例的分析，引起大家的重视。

1. 数据显示，女性在 30 岁以前还没有生育过第一个孩子，从理论上讲，她的乳腺癌就是高发的。而未婚未育的姚贝娜恰巧也是 30 岁发现乳腺癌的。

2. 癌症性格：姚贝娜曾经在采访时自述，自己是一个较劲的人，这个造就了她歌唱事业的成功，但也为癌症的发生埋下了隐患。

3. 如果在被诊断为乳腺癌后，第一时间去业内公认的乳腺癌治疗水平国内领先的北京、上海的肿瘤专科医院，不知会不会有不同的结果。当然，现在也只能是假设了。

4. 我们都知道癌症患者如果被诊断后能挺过五年，那么他生存的可能性和我们正常人几乎一样。所以任何一个癌症患者只要他知道五年生存率，知道挺过五年的重要性，那么他一定会不惜代价挺过五年的，姚贝娜显然没有意识到这一点，否则她不可能在乳腺癌手术后一年就参加《中国好声音》的比赛。大家一定还记得，当时比赛的现场，她一会儿开心，一会儿又难过，甚至痛哭流涕，这样大的情绪波动对于癌症患者康复来讲是最大的忌讳。我想以她的财力，完全可以五年内充分休息，五年后再慢慢恢复工作，要知道我国乳腺癌的五年生存率为73%（北京的这个数字是84%）。姚贝娜的去世，是蛮可惜的。

◎附"重疾不重"公共微信中转发率最高的一篇文章：

姚贝娜的抗癌历程

重疾不重李医生导读：

姚贝娜昨天因为乳腺癌故去，让我们不得不将乳腺癌重新提起。乳腺癌是威胁女性健康的第一杀手，且年轻化趋势明显。曾经作为抗癌明星、粉红丝带大使的姚贝娜是怎样与乳腺癌抗争的呢？

2011年4月的时候，姚贝娜从镜子里发现自己左边的乳房有一个类似酒窝的痕迹，她以女人的直觉告诉自己：这并不是一件好事。她在各大医院都作了检查，结果都告诉她没事，除了人民医院的曹大夫告诉她可能是与肿瘤恶化有关，建议她三个月后再复查。20天后，姚贝娜发现那个"酒窝"更深了，她再次找到了人民医院的曹医生，这一次她直接住进了医院。

"其实当时医生还是没有办法确定病情，只能确定我左乳房长的并不是好东西，需要先通过手术把病灶拿出来化验，才能最终确定是否是癌症。"虽然还没有确定乳房长的是乳腺癌，但是姚贝娜还是要面对这样的选择：如果是乳腺癌，是切还是保呢？经过一番思考，她很干脆地选择了切除，她认为与其每天担惊受怕地过日子，还不如干干净净地把病去掉治好。

姚贝娜动手术的那一天，是2011年的5月31日，手术被安排在早上的7：30分进行，下午的3点多结束。在这8个小时里头，姚贝娜像得到了重生一样。

虽然手术很成功，但是接下来面临的却是更大的挑战，不管是身体上的还是心理上的。首先就是要面对高强度的化疗，每打一次化疗针，她几乎吃不下任何东西，吃一点都会吐出来，到了化疗的第14天，她的头发开始掉下来，她就先把头发剪成板寸头，可还是掉，最后都剃光头了。最让姚贝娜害怕的并不是掉头发，而是随着化疗时间的加长，她的皮肤开始变黑，连指甲也发紫，像中毒一般。在整个化疗过程中，姚贝娜并没有哭，但那个时候她情绪坏到了极点，好在肤色奇迹般地变了回来，而好消息也一个接一个地给了姚贝娜这个乐观的人。

在第二阶段结束的时候，姚贝娜的父亲与经理同时向她传出一个消息：刘欢希望她演唱电视剧《甄嬛传》主题曲以及插曲。她得到消息很兴奋，她觉得无论如何也要去唱，于是20天后在征得主治医生的同意后，在家人的陪同下，姚贝娜走进了录音棚。

去年10月底，姚贝娜结束了所有的化疗，她的主治医生曹大夫说她的康复效果很好，在今后的日子里，她和平常人没有什么区别。在姚贝娜个人全新专辑《小头发》的发片仪式上，刘欢通过VCR送来祝福，现场的背景板上的四个字"涅磐重生"，是她最大的感想。她说："其实生命是一场善待自己的旅行，我在生病之前很挑食，很少吃蔬菜、水果，而且我是乳腺增生的体质，不应长期使用含有雌激素的抗痘与化妆品，它们就像癌变的催化剂，还有，我的性格比较'较劲'。"住院期间，姚贝娜还发现大多数乳癌患者有个规律：左乳癌变的，多数脾气暴躁，右乳癌变的，则大多操劳过度。

为何会出现复发？

目前就诊的乳腺癌患者即使各种影像学检查没有发现远处有肿瘤细胞，但大部分其实都已经有亚临床转移。以前常用的乳腺癌经典或扩大根治手术，切除范围非常广泛，但手术范围再大，也只能切除乳腺局部病灶和邻近区域的转移淋巴结，对已经脱离原发灶循环到远处的隐匿癌灶则无法切除。

后来发现经典或扩大根治手术对提高患者的生存率没有好处，已很少使用，目前常用的是改良根治术或创伤更小的保乳根治术。放疗、化疗、内分泌治疗和靶向治疗等综合治疗的目的，就是力争控制和消灭这些手术切除不到的癌细胞，大部分亚临床转移的癌细胞可以通过全身治疗杀死，但是小部分不敏感的将会"潜伏"下来，而这些远处隐匿灶就成为日后发展成转移癌的"祸根"。

　　一旦出现复发或转移，患者的治疗难度将大大增加，直接威胁病人的生命。乳腺癌手术后5年内是复发高危险期，特别是手术后头3年的复发风险最高。姚贝娜出现了转移入大脑和肺部的情况，其实癌细胞转移到大脑是最为凶险的，这类患者的生存期将明显缩短。

重疾不重李医生提示：

　　压力过大造成身体虚弱，抵抗力下降，或者乳腺癌之后没有注意生活饮食习惯的调整等都会增加乳腺癌复发的几率，姚贝娜成名之后压力的爆增无疑会给她的身体带来相当的负担。一场重病要好好休息五年才能更好康复，如果术后五年不工作好好养病，没有好的财务规划、康复、护理支持，又有多少人能够做到？

宫颈癌

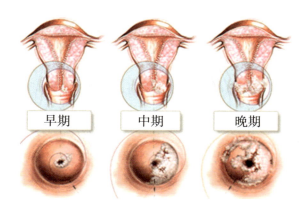

早期　　　　中期　　　　晚期

　　刚刚说了，中美公认的四个癌症，如果早诊的话，预后是可以很好的，宫颈癌就是其中之一。宫颈癌是目前唯一有疫苗的癌症，但是宫颈癌的疫苗，第一不能够全部预防，只能预防宫颈癌中的几个类型，第二个就是打疫苗的时间，没有过性生活史的时候，效果最佳。所以，不管是不是打过疫苗，都需要做每年的筛查。

肠癌

买保险可以获得心理上的安全感。

肠癌的发病率在中国香港、台湾癌症中排名第一。肠癌也是中国这十年以来发病率增长最快的癌症。

这是为什么呢？是因为经济条件足够发达后，生活条件逐渐得到改善，饮食相对来讲就会偏蛋白化，高蛋白的饮食会影响到肠的蠕动，就容易患肠癌。

我举一个例子。天热的时候，36.5℃，我们放一块肉在外面，半天这块肉就变臭了。那么我们来想象一下，在我们的体内有一块肉，这是高蛋白的东西，它消化得很慢，过了很长时间，它还在肠子里面待着，待得时间久了会怎么样？就会变异味。所以生活条件越好，我们吃的高蛋白饮食越多，越容易出现这种结果。

目前，肿瘤医院的专家们都建议过了 40 岁以后，就要考虑做肠镜了。最近一次我在武汉，给某银行做培训的时候，一位分行的行长，年仅 42 岁，一周前刚刚被确诊为肠癌。他是负责保险业务的，但他自己一份保险都没买，行长就说：你一个负责保险的分行行长，竟然一份保险都没有买，也是够了。

　　上面照片上的人是王均瑶，很有钱，38 岁，因为肠癌去世了。

　　就着行长的这个事情说下去，后来我们聊天就发现，如果非要比较买保险和不买保险的两种人，哪一种人容易患癌症？其实是不买保险的人。这是事实，根据大数据来看，不买保险的人更容易得癌症，买了反而不容易得了。这是为什么呢？我分析是这样的，买了保险的人，相比较来说他更有风险意识，有了风险意识，就会对自己的身体很注意。

　　那么一个人不买保险呢，应该有很多原因。比如说心理方面，即使知道保险是好的，他也不轻易接受，自己比较较劲，或者自己比较犹豫，总之有很多性格上的缺陷，他不是那么愿意接受新事物，于是就没买。而一个人买了保险，他肯定就是有忧患意识的，他就会对身体更加注意，他除了保险还会做其他的风险防护，不得病也是很正常的。

　　这里我讲一个我自己的小例子。我每年要坐上百次的飞机，飞机在天上飞的时候，万一遇到一些状况，坐飞机的人就会很担心。没遇到气流的时候，大家还在笑，但一遇到气流，大家就都不笑了。有一次遇到气流，连空姐说话都带着颤音了，只有我一个人在保持微笑。我旁边的大哥就很惊悚，他很奇怪旁边这个人为什么笑得这么诡异。后来，飞机进入正常飞行状态了，我旁边的大哥就问我："刚才你为什么还在笑？"我就说："如果这架飞机出事了，明天的报纸我一定上头条，汪峰上不了头条，我一定可以。没准赔付我一个人的钱比飞机上所有人的总和还多。"大哥后来加我微信，有一天跟我说他也买了很多保险。我问他干嘛。他说，"我也希望像你一样，飞机抖的时候，我也可以露出诡异的笑容。"

我经常在高速公路上走，有两次我亲眼看着前面的车子飞起来了，我不知道别人此时会怎样，反正那两次，我的心情出人意料的平静。

我举例是说，买保险可以获得心理上的安全感，这是我们很多时候忽略的一件事情。这种安全感也是有助于身体的健康的。

关于保险带来的安全感，各位要仔细体会。我去很多银行、很多财富公司讲课，很多的富豪们，他们对于自己的投资是不是有很大的收益并不在意，他们更看重的是财富的安全，我们今天的很多伙伴在和客户沟通时还是在谈收益，其实是没有找准富人的思维。

我看过一个表格，讲的是很多不同财富的人，对于股市的收益有着不一样的要求。比如说有人拿不到10万块钱进入股市，他是希望自己有5到10倍的增长回来的。但如果一个人投资上亿的话，他只希望自己获利20%左右就可以了。越有钱的人，他对于收益，其实期望越低。钱越少的人，越希望得到的更多。

我觉得保险带来的安全感是很重要的。大家可以仔细体会一下这个安全感。

甲状腺癌

甲状腺癌是 2014 年保险公司赔付最多的癌症。我讲一个例子，一个 30 岁左右的女性去看甲状腺癌，在某知名三甲医院做手术，发现淋巴转移，医院建议病人放化疗。这位女性刚刚结婚，还没生孩子呢，如果放化疗的话，她这一生都不太可能会有孩子了，如果要了，孩子有可能畸形。我们就去请教国癌中心的专家，他们的建议是：一般来讲，

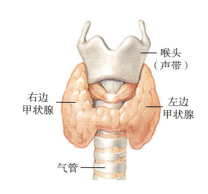

喉头
（声带）

右边
甲状腺

左边
甲状腺

气管

如果其他癌症的患者发生淋巴转移的话，多半是已经扩散了，就要开始做放疗化疗了，但是甲状腺癌要特殊一些，即使淋巴转移，对这个人的影响也没那么大，一般不轻易建议做放化疗。所以对于重疾的诊治来讲，我们更倾向于专科医院。

那么，甲状腺癌为什么发病率高呢？甲状腺癌的发病率，跟我们的医学发展是有关系的。我们跟肿瘤医院专攻甲状腺癌的医生很熟，他就说过，其实在头颈外科的医生看来，甲状腺癌的发病率增加的原因，他只认可就是科技进步，我们说的所谓的辐射，他都不认可，我不是说他一定对，我只是说像他这样每

天做几十个甲状腺癌手术的医生，只认为是科学进步，是超声科的超声越来越强，把它们都找出来了。

找出来之后，其实有的是可以不做手术的。但是设想一下，如果检查说这是甲状腺癌，医生说，这个手术可做可不做，你做不做？不把甲状腺切了吧，心里难受，因为已经知道是癌了，所以说发现了几乎没有一个不做的。医生说可以观察一下，病人说算了，我还是切了好了。人性如此。但理论上讲有90%类型的甲状腺癌是可以长期观察的。

淋巴瘤

得病之后，不去想办法改变以前的生活节奏，还是在原来的工作生活状态里边，只是降低工作量，而不是停止工作，从提高五年生存率的角度来讲，这是不提倡的。

大家要注意，淋巴的恶性肿瘤叫淋巴瘤，不叫淋巴癌。

淋巴瘤和作息时间有关。2014年7月份，世界卫生组织的癌症研究小组得出研究结论显示，值夜班对人体的健康危害大，世界卫生组织把值夜班列为了致癌物。因为值夜班以后，人的睡眠是颠倒的，作息时间是紊乱的，这容易导致淋巴瘤。李开复得的就是这个病。

李开复自己讲，他为了证明自己还很年轻，就和年轻人比谁回邮件的速度快，即使是睡觉的时候，他也把电脑放在床边

上，当听到邮件来的声音的时候，他会从床上弹起来去回邮件。各位注意一下"弹"这个词，大晚上的经常从床上做这个动作，是很可怕的。长此以往，他的作息时间一定不好。

李开复得病以后写了一本书叫《向死而生》。我身边研究肿瘤的朋友就说他复出的有点早，其实他现在的肿瘤还是不稳定的，应该继续休养，我个人觉得，这么早复出，他可能是被迫的，因为他还有自己的公司要照顾。但是从医学角度来讲，他现在的病情确实不稳定，肿瘤要讲五年生存率，他这刚两年时间就出来参加商业活动，还写书、做演讲，其实是不科学的。

就像滴滴打车的柳青，前一阵子她说自己得乳腺癌了，发表声明称自己做了一个小手术，我希望她的这个小手术的说法是说给投资人听的，不是说给她自己听的。对于癌症你要正视它，战略上藐视它，但在战术上要重视它。毕竟乳腺癌也是癌症。

柳青在声明中还说，可能有时候你们要到我家来谈工作了，我去办公室的时间会减少。都这时候了还在惦记着工作，从癌症康复的角度来讲，这是不合适的。

从重疾不重的体系来看，像李开复和柳青，他们目前选择的生活方式并不是提高五年生存率最好的选择，为什么呢？

要知道，一个人为什么会得淋巴瘤，为什么会得乳腺癌？都是因为在过去的一段时间里，这个人的生理、心理和社会三个方面出问题了。现在得病之后，不去想办法改变以前的生活节奏，还是在原来的工作生活状态里边，只是降低工作量，而不是停止工作，从提高五年生存率的角度来看，这是不提倡的。

胰腺癌

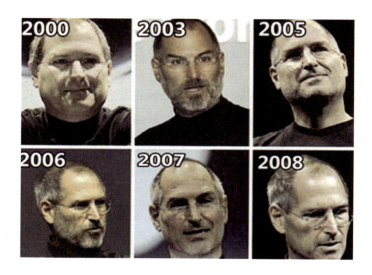

　　我们来说说胰腺癌，大家都认为乔布斯得的是胰腺癌，实际上并非真正的胰腺癌，而是神经内分泌肿瘤，只是位置位于胰腺。胰腺癌比较凶险，又不容易被早发现，一般诊断后，平均存活时间不超过六个月，所以又称为癌中之王。

相对来讲，乔布斯的病还是比较轻一些的，乔布斯发现得病后存活了八年。在治疗方面，其实乔布斯也走了很多的弯路，他看似不是很配合治疗，自己去做了很多尝试，还去印度请教法师，做了一些当时不是很成熟的细胞免疫治疗。

乔布斯的性格是偏执的。我们常说只有偏执狂才能成功，但是，反过来讲，事业越成功的人，癌症越容易高发。因为在癌症性格论里面，有的性格是很容易得癌症的。再比如说有痛楚和压力后，不愿意跟人分享，这种人也属于癌症性格。这些需要引起我们足够的重视。

乔布斯创造了"苹果"，他改变了整个社会的秩序，他是追求极致的性格，这种性格造就了他。但从另一个角度来说，他出现癌症也很正常。癌症性格多半是自我压力大，不愿意与别人分享，自我忧伤，尤其是极致完美主义者，更容易患此症。

胰腺癌这个病五年生存率不高的一个很大的原因是不容易被发现，这和胰腺的位置有关系，它在身体的最里面，周围是胃、肝等器官，把它包围住，在外面摸是摸不到的。不像是甲状腺、乳腺，在体表就可以摸到，所以很多胰腺癌发现就是晚期了。

我还是那句话，性格很重要。有句话叫性格决定命运，很值得玩味。

急性心肌梗塞

要想诊断冠心病，只有两个办法：一是冠脉造影检查，它是诊断冠心病的"金标准"；二是冠脉 CT 检查，实际上是一种特殊的增强 CT 检查，只要图像清晰、诊断无误，排除冠心病诊断的准确性高达 99%。除此以外，目前其他任何的心脏检查均不能排除冠心病。

什么样的人需要冠脉 CT 检查？

一是有多重冠心病危险因素的人群，如中老年男性，绝经后的女性，有长期吸烟史，有长期高血压、糖尿病、高脂血症病史，长期生活方式不健康，长期高负荷工作等等。

二是临床症状或其他检查怀疑有冠心病可能的人群，如各种原因导致的胸痛、胸闷、憋气、牙痛、掐脖子感、剑突下痛、左上臂不适等等，及心电图、超声、Holter 等检查怀疑有冠心病可能的人群。

三是冠脉支架植入术后或搭桥术后的复查。以前支架植入术后复查都是需要再次做造影检查，患者痛苦且花费多，还需要住院，依从性差，现在应用冠脉 CT 复查，简单方便，门诊就可以完成，大大地方便了患者。

冠脉 CT 目前虽不推荐作为查体必备，但对于怀疑有冠心病的人群，是非常适合的，无创准确，相对经济。冠脉 CT 的意义不仅在诊断方面，对我们手术医师，冠脉 CT 能提供更多的解剖学信息，对疑难冠脉病变、血管变异、先天性心脏病等等治疗，都有着重要的指导价值。

脑中风后遗症

笑一笑和抬手臂，可以判断脑中风。看对比图：

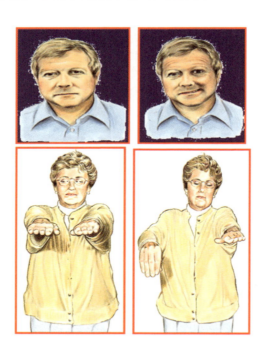

阿尔茨海默症

统计显示爱唠叨的人不容易患老年痴呆。

各位看一下，老年痴呆患者和我们普通人有什么不一样？

老年痴呆，专业的叫法应该是阿尔茨海默症，这也是我们重疾险保的一个病。左边是一个正常的脑组织，右边是一个老年痴呆患者的脑组织，右边的情况不是萎缩，是溶解，萎缩和溶解是不一样的。萎缩是什么意思呢？就是组织都在，只是干巴了。溶解是什么意思呢？它是消失，就是没了，我们叫它黑板擦症状。写满字的黑板，我如果把它擦掉了，字就没有了；这部分脑组织溶解了，这部分记忆就没有了，永远不会被记起。

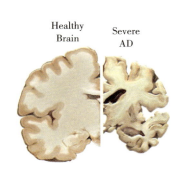

Healthy Brain　　Severe AD

老年痴呆患者看起来很有礼貌，文质彬彬，但是如果你问他姓什么，家住哪里，他会说：我忘了。所以很多老年痴呆患者，因为各种原因走失。去年，北京就有一名患有老年痴呆的院士外出再也没有回来，很可惜。英国首相卡梅伦曾在 G8 老年痴呆症峰会的开幕式上宣布：老年痴呆症是二十一世纪的瘟疫。

为此，著名的医学杂志《柳叶刀》毫不掩饰自己的喜悦，表示"老年痴呆症这个主题从没有经历过这样的政治优先权"。在一个老龄化日益严重的社会，如何看待老年痴呆症，就是如何对待即将老去的自己。

统计显示爱唠叨的人不容易患老年痴呆。一般丈夫不喜欢妻子的唠叨，但其实丈夫们可以这么想，要么选择接受她的唠叨，要么选择她将来得老年痴呆，你会选择哪一个？妻子多唠叨，对家庭来说是好事。

还有就是，退休以后的老人家多接触年幼时的玩伴，参加小学中学的聚会，多听年轻时唱的歌曲，这些都是可以延缓老年痴呆的。老人家如果退休之后多去他小时候的地方走一走，看一看，这也是有帮助的，叶落归根，还是有一定道理的。

主动脉瘤

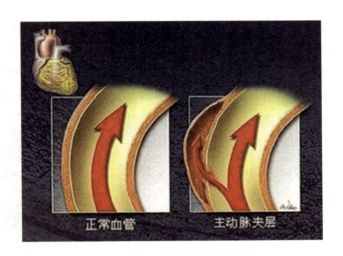

正常血管   主动脉夹层

　　主动脉外科手术，这是我们重疾险条款中的第 25 个病，发病原因是血压高，大部分是因遗传因素导致发病。我们国家每年有 20 万例这样的病人，能救活的只有 2000 例。世界范围内，做这个手术数量最多的大夫叫孙立忠，十多年前，我有幸跟过台。他是我们全世界主动脉瘤外科比较权威的医生。他发明的"孙氏手术"被公认为是治疗复杂型主动脉夹层以及累及主动脉弓和降主动脉扩张性疾病的标准术式。

孙立忠（北京安贞医院教授）✐ 编辑

　　孙立忠 主任医师，教授，博士生导师。现任安贞医院心外科中心主任，北京市大血管疾病诊疗研究中心主任，2002年获国务院政府特殊津贴，2008年被评为卫生部突出贡献中青年专家。已独立完成和指导下级医师完成各类心血管外科手术逾6000余例。是我国心血管外科完成手术例数最多、病种最全的专家之一。2008年获得中国医师协会心血管外科优秀医师奖（金刀奖）。擅长疑难复杂的心脏病手术，主动脉瘤及主动脉夹层的外科治疗，手术治疗复杂先心病、瓣膜性心脏病、冠状动脉粥样硬化性心脏病 重症瓣膜病，严重的冠心病，冠心病合并颈动脉狭窄或腹主动脉瘤。出诊时间：周四下午，预约挂号，预约手术和预约住院可以咨询中华名医汇网，提供北京和广州所有三甲医院的预约服务。

中文名称	孙立忠		临床职称	主任医师
国 籍	中国		专 业	心血管科
民 族	汉		学 历	博士生导师
职 业	心血管外科		教学职称	教授
毕业院校	白求恩医科大学		执业地点	北京安贞医院
			性 别	男

　　即使是生存率不高的疾病，如果能够找到对症的治疗，其实是有很大生存的可能性的。反过来说，如果治疗不对症，重疾险赔一个亿也没有用。

　　图中的血管，红色的是主动脉，因为血压高，血管有个地方被撕裂了，血液进入到了血管夹层里面，把血管层分开了。内层和外层被血液分开，这样的话就很容易导致血管破裂，所以主动脉破裂发病很凶险。如果发现血液流进血管夹层里了，24小时内病人还活着的话，一般还可以撑上十天半个月的，从急性变成慢性的，但大部分人都撑不过去，如果血压再升高，这人就危险了。

　　血液流入血管夹层后，如果三小时内病人还活着，这个地方暂时是稳定的，这个时候赶快去医院，大夫会把血压控制住，降下去，让它变得稳定。这时病人要卧床，他只要下床一动，包括大便用力，都可能会死掉。

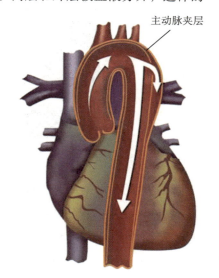

主动脉夹层

这个病死亡率高，是因为还没有挺到手术的时候就已经死掉了。

现在可以理解保险公司为什么对血压高那么看重了，只要一个人血压高就很难正常承保了，是因为血压高会导致心脏的问题、脑袋的问题、肾脏的问题等很多的问题，控制住血压，就避免了一半的心脏病。

病理诊断

冠心病的诊断要看冠造，而恶性肿瘤的诊断要看病理。2011 年，原卫生部开展远程病理会诊平台，从申请会诊医院和专家会诊结果看，二级甲等医院初诊意见与专家会诊意见的符合率仅为 35%，市级医院诊断的符合率仅 37%，而县级医院诊断的符合率只有 26%。而大家都知道，保险公司只要根据二级医院的病理诊断就能赔付了。

癌症是突然发现的，但不是突然发生的。

癌症是一种慢性病，所以，癌症患者被诊断后，不要着急地去做手术，不差那几天的，你要多去找几家医院，重新明确一下诊断，最好是去北京、上海、广州的肿瘤专科医院，确诊的过程要多花点时间。确诊了，自己也想清楚如何应对了，最后手术心里也就踏实了，切忌在发现后马上就把手术做了，如果做好了没事还好，做坏了想补救就不那么容易了。

你想想看，前面几十年都没管，自己也不知道，今天突然发现了，恨不得马上就要把它做掉，一天都等不了，这其实是没有必要的。我们遇到过这样的例子，长了几十年肿瘤都很小，一发现以后立马就变大了，长得很快，这是病人自己恐惧造成的。要直面重疾，发现后的心态一定要把握好。

早诊断是重大疾病风险管理的核心环节

　　我们从来没有跟客户说，买了之后我们要尽可能让你不得癌症，买了之后我们想尽办法及早发现癌症，这样即使患癌症也能够有更多活得更久的机会。

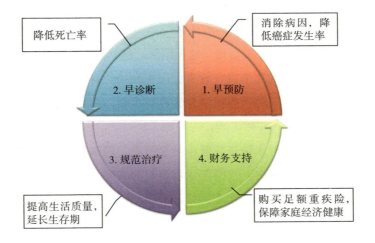

　　医学里面有一个三级预防，这四块的前三块，就是三级预防的另外一种称

呼。第一早预防,第二早诊断,第三规范治疗,第四是我加的,叫足够的财务支持。你可以买重疾险,也可以不买重疾险,但不管买还是不买,财务支持都很重要。

市场反馈,不少保险公司从管理层到一线业务员给客户讲重疾,用两句话可以概括:第一句话就是大病容易得,第二句话就是得了之后容易家破人亡。

但是换一个角度想想,大家的生活很幸福,刚刚结婚,刚刚买房,刚刚升职,刚刚有了孩子,我作为保险代理人过来跟你说,大病容易得,得了之后容易家破人亡,你听完之后会舒服么。

鲁迅先生曾经讲过,有婴儿出生,如果贺客说这孩子将来长命百岁,主人家一定会欢天喜地;如果贺客说这孩子将来会死,则肯定会被暴打出门,尽管他说的是千真万确的真理。这告诉我们在与人交往中要学会表达。

其实对于重大疾病保险来讲,我觉得市场上常见的重疾险卖法是亟待提升的。因为不了解疾病的发展过程,所以我们在谈重疾险时,还是一种恐吓式的谈法,也许你不是故意的,但是结果就是这样的,你的谈法造成了对客户的恐吓。

面对"恐吓",客户只能拒绝承认你说的有道理,他只能说你不吉利,不然他必须得面对"小孩子一定会死"这种结局。他必然会排斥,这是人的本能。

就像我们以前听过的那个寓言故事,阳光和风比赛,看谁能把一个路人的棉袄脱掉。风刮得越急,路人的棉袄只会裹得越紧,阳光照得温暖,路人就会自己把棉袄脱掉,这是一样的道理。

如果一段话不能给别人带来智慧,带来鼓励,带来勇气,带来乐观,带来欢乐的话,这段话可以不讲。我们在谈重疾险的时候,如果改变一种方法,改变过去悲观的、消极的谈法,变成一种乐观的、积极的谈法,一定会不一样。

癌症有 1/3 可以通过预防避免掉。在英国最新的一个实验里面,发现两组都是脂肪肝的人,一组人只吃降脂药,另一组人不吃降脂药而多吃苹果,两组人效果是一样的。所以苹果对于降血脂来讲，其实跟降脂药可以起到一样的效果。

还有牙齿的、口腔的清洁，如果能够避免口腔中的幽门螺旋杆菌，避免链球菌，我们的胃癌、心脏瓣膜病的发病率就会降低。如果能够避免肝炎，就可以避免掉肝癌。

还有 1/3 的癌症通过早诊是可以治愈的。比方乳腺癌，自己注意一下乳房的变化就能发现，姚贝娜就是自己发现有问题，然后去医院确诊的乳腺癌。如果早期发现乳腺癌，不光不用切乳腺，还可以活很久，花很少的钱，还可以获得重疾险的赔付，你可能会赔付 100 万，甚至 500 万，但是或许治病只需要花几万块。

剩下的 1/3 通过规范治疗，即使不能够治愈也能延长寿命。但各位知道吗？我们中国肿瘤的误诊率高达 30% 到 40%，误治率更高。

还拿乳腺癌做例子，最新的发现是，乳腺癌是一个全身性的疾病，因为我们发现那些乳腺癌患者，把乳房切了，跟不切死亡率是一样的。但是现在在很多综合性医院，还是倾向于把乳房切掉。可能是觉得乳房没了，我看你怎么得乳腺癌。

上海复旦肿瘤医院是我们国家乳腺癌治疗水平最高的医院之一，在这方面非常专业。很多病例，在其他地方诊断了乳腺癌，去上海就发现不是乳腺癌；在很多地方都需要切，在上海就不用切；很多地方都说要放化疗，上海不需要。

规范治疗是可以提高治愈率的，中国在这个方面参差不齐的。阜外医院和安贞医院是全国水平最高的心血管疾病医院，它们和心脏外科手术死亡率最高的医院相比，死亡率能差到 15 倍。

最后说财务安排，上面这些东西都需要足够的财力支持。我的一个很好的朋友，他父亲因为肺癌去世了，治病的时候他都在问我，所以我知道的比较清楚。他父亲去世以后，他跟我说他父亲去世前在医院里面跟病友聊天，经常跟病友说他很自豪，为什么呢？因为在他看病的这些年里边，并没有把家里面的经济拖垮，第一，他只用社保药；第二，如果社保药不行，需要用进口药的时候，先用3天，看看有没有改善，有改善就继续用，没有立马停用，所以他很自豪，自己病也看了，没有把家里面的经济拖垮。

作为孩子来讲，听到父亲在病房里面这么讲，会怎么想？我们是不是会很难受，父母养育我们这么多年，他生病接受治疗的时候还要考虑我们的经济压力，生怕因为看病把我们压垮。父亲是很自豪，但是作为孩子来讲，我们听完这些话以后心里一定五味杂陈。

很多时候我们的财力就是一个保证，我们常说生命无价，但从另一种角度讲其实生命是有价的，如果有足够多的资金作支持，疑难杂症也有可能治愈。

从保险的角度来讲，如果我们能够从以上四个方面着手，采取一种积极的谈法，客户即使当下没有决定购买重疾险，他也不会拒绝。为什么？因为他学到了早预防，学到了早诊断，学到了规范治疗，学到了财务支持，不论他当时是否购买重疾险，这些东西都是他希望了解掌握的。

他会发现，买保险是最容易的，以小搏大，而且自己还可以控制。通过别的方式，找朋友借钱，卖房子，卖股票等等，都不是那么牢靠。所以我个人认为，你和他讲了早预防、早诊断、规范治疗和财务支持，你即使不和他讲重疾险，他自己都会发现买重疾险是最好的财务支持的方式。

我给各位一个建议，我们过去都在谈怎么卖重疾险，我希望从今天开始，各位能够把卖重疾险放到一边，从今天开始谈重大疾病风险管理。不要去谈重疾险的销售，去销售，对方就有可能会拒绝，但是你去做重大疾病风险管理的咨询，就没有人会拒绝。你和他讲大病怎么预防，他不会拒绝；你和他讲大病怎么早诊，他不会拒绝；你和他讲哪个医院看肿瘤看得好，没人会拒绝。

我最近在给很多银行讲课，我就问那些客户，同样的保费，如果有一张保单只赔一百万，但是晚期发现的；另一张保单只赔五十万，不过能确保是癌症早期，你们会选哪一个？要一百万还是要五十万的？大家都一致要五十万的。我们平常都希望自己和家人平安，保佑父母，保佑家小，其实想一下，买重疾险的真正目的是什么？赔钱只是一个手段，不是目的，目的是要活命，我要活着，不得病最好，如果得了我也有最好的方案。所以，赔一百万是晚期的，赔五十万是早期的，两个相比较，早期更有机会活，晚期机会小很多。我们今天在谈重疾险的时候，我们往往只关注提高保额，但其实早期诊断对于癌症患者来讲是更有意义的。

任何一张重疾险保单，都要附加相应的重大疾病的风险管理，这不只是我的观点。德国保险法从 2006 年开始就规定，任何的健康险必须包含健康管理服务。

你不能跟我说得癌症赔一笔钱就叫重疾险，光赔钱是不对的，这是拿我的命在赌啊。健康管理服务就是在买了健康险之后要采取措施，能让癌症发病率降低一些，能够让癌症早期诊断，发现之后能够安排患者去看病，而不是拿生命做赌注。从这个意义上讲，我们中国今天绝大部分的重疾险产品都不能称为健康险。

我一般会跟客户这样建议，客户要买 100 万重疾险的话，我建议他买 80 万到 90 万，把 10 万或 20 万保额对应的保费拿出来去买这种早期诊断的体检，比如中美防癌指南里公认的四个癌症早筛，也就是肺、肠、乳腺、宫颈。看起来你保额低了，但是我敢保证的是，后者的五年生存率一定大于前者。这不只是钱的问题，这是生命的问题。在西方的医学里面有一个理论，如果一个药品能够让病人延长生命半年以上，这个药品就可以花上十亿、百亿的费用，如果癌症患者能早诊的话，延长的生命绝不是六个月。

客户为什么不愿意买重疾险？是因为他觉得赔付了就死掉了嘛，但是如果你跟他说如果早期发现，既能赔付还能活很久，他会怎么样？他就会考虑。我只是告诉各位一个原则，癌症晚期可能会死亡，早期其实很难死亡的。中国保监会在2012年就发了一个文，建议中国的保险公司可以拿出10%的保费来购买这种健康管理服务，不过只是建议，还没有强制。

我不知道大家还记不记得，保险有两个基本职能，第一叫经济补偿，第二叫风险管理。我们今天销售重疾险，是没有对客户的重疾作风险管理的，所以有的客户说，我不愿意你们拿我的命来做赌注。这或许也是为什么那些富豪不愿意跟我们谈的原因吧。我们跟客户说，你得癌症赔你钱，不得就不赔，不管我们怎么描述，客户还是会不爽。

我们从来没有跟客户说，买了之后我们要尽可能让你不得癌症，买了之后我们想尽办法及早发现癌症，这样即使患癌症也能够有更多活得更久的机会。

国家已经开始慢慢鼓励独立营销员制度，保险营销员个人的专业度越来越重要，不管我们未来是属于代理公司还是保险公司还是银行还是电销还是代表个人，起码我们个人的专业价值要在里面体现出来，如果我们卖的产品只是赔付的话，就和网上的产品没什么区别了，网上买更好，因为更便宜。

我们为什么要来做保险？为什么要不断学习？就是因为我们给客户提供的绝不是赔付那么简单，我们不仅是一个重疾险销售人员，我们更要做的是一个重大疾病风险管理的顾问。当你能够以这个角色来看待这个世界的时候，成交高保额保单那是一定的，这是一个必然。但成交高保额保单绝对不是一个目的，它只是一个自然形成的、会相伴而生的东西，真正的目的是想尽办法让客户好好地活下去。

专业就是要有所为，有所不为。

第三部分

规范治疗

中外五年生存率的差异

中国人在得病之前，都特别自信，觉得自己这一辈子肯定不会得癌症，而一旦得了癌症就更加"自信"了，觉得自己肯定会死！

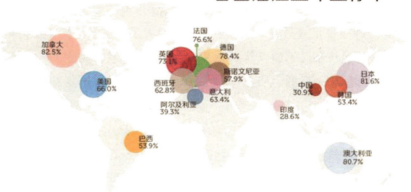

各国癌症五年生存率

加拿大 82.5%
美国 66.0%
巴西 53.9%
法国 76.6%
英国 7%
德国 78.4%
西班牙 62.8%
斯洛文尼亚 57.9%
意大利 63.4%
阿尔及利亚 39.3%
印度 28.6%
中国 30.9%
韩国 53.4%
日本 81.6%
澳大利亚 80.7%

上图所示是全世界各国的五年生存率，除了印度以外，所有国家的癌症五年生存率都比中国高。这个跟我们今天所处的经济地位是不匹配的，今天的中国经济仅次于美国，但是我们中国五年生存率，却仅比印度好。中国在过去牺牲了我们的健康，为了去追求发展，不过，习主席上台以后现在重心开始调整，官员的升迁也不仅仅只是看经济增长水平了，这一点大家都知道。

那么我们看，这里面最高的是谁呢？是加拿大。除了当地的空气好以外，加拿大有我们需要借鉴的地方。根据加拿大癌症协会的统计，他们的护理、康复的费用，是在医院的花费的 2 倍以上。也就是说，他们很注重康复的。

而我们中国现阶段的肿瘤治疗，是重治疗轻康复的，所以我们在谈重疾险的时候，往往只关注医疗费用，而忽视康复费用。

古人说，三分治七分养，今天依然适用。中国恶性肿瘤的平均发病年龄是 42 岁。假如一个人在 42 岁的时候得了恶性肿瘤，那么恶性肿瘤的发生发展是跟他的基因、遗传特点、过去的生活环境、工作方式和工作环境以及性格是有很大关系的。如果这个人从 0 岁到 42 岁形成了癌症，通过手术、放疗、化疗把瘤子全部从体内清除了，他又回到原来的环境当中，还是原来的基因、遗传特点、生活环境、工作方式和工作环境以及性格，即使以前的瘤子全部清除了，他长出一个新的肿瘤也很容易，如果算上他年纪变大了、手术后身体变得虚弱了、心情也不好、经济条件不如以前了等因素，他就更容易得癌症了。如果一个人治疗后还是和原来一样的生活方式，我敢肯定他即使肿瘤不复发，也更容易长出新的肿瘤。

我们听说过很多这样的例子，有的人确诊后就看开了，就去全世界各地旅游，回来之后一复查肿瘤没了，这不是没有可能的，这就是因为他脱离了原来的生存状态，他的性格也改变了，肿瘤适合生长的"土壤"没有了。再比如，广东省的鼻咽癌高发，世界上 70 ~ 80% 的鼻咽癌都在广东，广东人移民到欧洲，虽然基因还在，但饮食习惯改变了，鼻咽癌发病率比起国内来说就会大大降低，也是这个原因。

所以，肿瘤的治疗，重治疗没有错，更加应该重康复。只重治疗不重康复一定不好。重治疗同时注重康复，治疗效果就会大大改善。

在如今的中国，不管是患者也好，还是患者家属也好，有癌症就一定要切，只要发现了，恨不得今晚就把它切了。对于有的情况，其实切或者不切都是可以的，第一是不可能清除干净，第二是即使这次清除干净了，你没有去割断那个癌症的形成机制的话，它还会再长。

举个例子，就像小孩子，可能由于我们疏于管教他学坏了，如果打一顿就好了，就相当于感冒了；如果打一顿还没好，后来被关到拘留所了，关了几个月，这就相当于小病；如果关了几年，就相当于一场大病；如果最后被判死刑了，就相当于癌症了。但不管孩子怎么样，他还是我们的孩子，作为父母来讲，我们可以和他断绝父子或母子关系，就像把癌症切掉一样。

但是，子不教谁之过？父之过。在教孩子的时候，我们自己就没有问题吗？一味地打他，这么痛下狠手，有意义吗？所以对于肿瘤的治疗，我们要改变肿瘤形成的机制。教育孩子也一样，不能一味地打，然后实在不行断绝父子或母子关系，要创造和谐的氛围。我们现在西医治疗肿瘤，已经改变了思路，目的是为了让人好好地活下去，而不是一切了之，你看，西医也在借鉴中医的想法。中医就讲究人体是一个整体，要进行综合治疗，我们都听过"上医治未病"这句话，说的就是这个道理。

调查显示，中国人在得病之前，都特别自信，觉得自己这一辈子肯定不会得癌症，而一旦得了癌症就更加"自信"了，觉得自己肯定会死！

还有一种说法很流行，中国的癌症患者有三分之一是因疾病本身而死掉的，有三分之一是因为身体扛不住对肿瘤的治疗而死掉的，还有三分之一是被吓死的。

为什么中国的五年生存率比欧美、日本要低一半以上？

第一，我们中国的癌症患者得的都是那些不容易挺过五年的癌症，比如肝癌、食管癌、胃癌，欧美、日本得的都是容易挺过五年的癌症，比如甲状腺癌、前列腺癌、乳腺癌。中国人得"穷癌"比较多，欧美、日本得"富癌"比较多，"穷癌"比"富癌"不容易挺过五年，所以即使我们的发病率一样，但因为癌症类型不一样，我们的癌症患者也不容易挺过五年。（癌谱不一样）

第二，中晚期病例比例偏高。例如辽宁省2015年住院的癌症患者90%都是晚期，连中期都不是。

第三，医疗资源缺乏、诊治水平低，不能做到规范治疗。

第四，癌症相关知识普及性差。没得之前觉得自己一定不会得癌症，得了癌症就觉得自己一定会死。

第五，我们的财务支持不够。欧美、日本的医疗福利比较好，他们看病多半是根据病情本身需要来制定治疗方案，而我们多半是依据经济水平需要来制定。

当客户不太愿意谈癌症的时候，我们要能理解。可能他最重要的人都是得癌症死掉的，没有几个人能活很久的，才影响了他对于癌症的认知。

我给大家讲一个事实，同样的手术，在北京、上海的三甲或专科医院做，死亡率比较低，很多人都会认为费用会比较高。其实由于手术水平高，并发症少，重症监护的时间以及平均住院时间都偏短，相应医疗费用要比想象的偏少。

前面讲过，癌症的早期是容易生存的，晚期是没有机会的。汪国真2015

年春节前经检查得知自己得的是肝癌，不到三个月就去世了，他虽然不是大富大贵，但也并不穷，过得很好，还是熬不了那么久。2015 年去世的相声演员笑林，是我们团队李医生的太太给他做的诊断，是白血病，三个多月就去世了。我们知道，这些人他们并不缺钱，但是因为没有及早发现，就错过了最佳治疗时机。

重疾险 3D 训练营特别报道

——《中国保险报》

重疾险：承受生命之重

吴先生今年 44 岁，是深圳一家私营企业的老板。如今他每天打理自己的公司，工作和生活都井井有条。如果他不说，可能没有人知道，他其实是一名肺癌患者。

幸运的是，一方面，他的肺癌因为发现早，所以治疗效果好；另一方面，他没有因为患病而给家庭增添经济方面的压力。而这两点，都和保险有直接关系。

为客户提供基础的健康服务

2012 年，吴先生在某人寿保险公司深圳分公司投保了一份保额为 300 万元的重大疾病保险，之前，他通过了保险公司安排的高端体检，身体状况正常。

2014 年，吴先生感觉胸口有点儿疼，在随后的例行体检中，他做了 X 光胸片,并未发现异常。吴先生还是不放心,就和自己的保险代理人魏琳说了这件事。

"X光胸片在早期肺癌的检查中几乎没有什么用处,我立刻建议吴先生去做一次低剂量螺旋CT。"魏琳说。正是在这次检查中,吴先生被确诊为早期肺癌。因为发现早,吴先生立刻在医院做了手术切除肿瘤,治疗效果非常好。不到半年时间,吴先生就回到公司继续打理业务。不过,吴先生重新对工作和生活作了安排,保持身体健康成为他最重要的一部分。

吴先生非常感激魏琳当初给了他正确的体检建议,他认为,有钱难买早知道,"如果不是早发现、早治疗,后果真是不堪设想。"

肺癌是我国目前发病率最高的恶性肿瘤,死亡率也最高。根据2014年发布的数据,肺癌的五年生存率为16.1%。但是,对于晚期肺癌患者来说,五年生存率会下降许多。一位胸外科医生根据临床经验介绍说,晚期肺癌患者的五年生存率可能仅仅为5%。但是,对于早期肺癌患者来说,五年生存率则能达到85%。

被业界称为"中国重疾险之父"的丁云生介绍说,42岁是重大疾病发病的平均年龄,而大部分企业主在这个阶段事业都处于上升期,"忙"成为多数人生活的关键字。他们特别需要专业人员给予健康和保障两方面的支持。

魏琳认为,作为一名保险营销员,必要的医学知识不仅能帮助自己建立专业度,最关键的是这也是保险人关爱客户和家人的基本技能。魏琳正是靠自己在医学方面的常识怀疑吴先生的肺部可能会有问题,并了解到低剂量螺旋CT在早期肺癌筛查中的作用而对吴先生提出了最恰当的建议。

监管部门曾要求,保险业将从简单的费用报销和经济补偿,向病前、病中、病后的综合性健康保障管理方向发展,增进参保人健康水平,减少发病率。同时,保险公司还被要求将健康保险和健康服务充分结合,从事后的费用报销服务转变为事前预防、事中管理、事后报销相结合的全流程的健康服务。

丁云生认为，保险公司要提供健康管理服务，和客户直接打交道的保险营销员就应该具备必要的医学技能。

2014年丁云生开设了重疾险3D训练营。"训练营的目的就是培养重疾险销售人才。营销伙伴直接面对重疾险消费者，如果营销员不能理解重疾险的意义和功能，不能销售重疾险，那么重疾险的市场普及就是一句空话，保险回归保障也将成为水月镜花。"丁云生说。

魏琳就是重疾险3D训练营的早期受训者之一，并很快将所学知识用于了实践中。上海市的谭存霞将自己学到的医学常识编写成短信发给客户，并给他们提醒体检等事宜。

"重疾险3D训练营有3天时间，第二天由医生来讲重大疾病。训练营一般开设在医院里，比如在沈阳站的课程就在中国医科大学第一附属医院开设，医科大派出5名主任医师、博导、教授，轮番上阵。营销伙伴想印象不深刻都不行。"丁云生介绍说。

在北京，重疾险3D训练营开设在北京肿瘤医院。

应提供被保险人年收入5倍保障

"目前，绝大多数重疾险的保额在10万元以内，甚至有许多保额为3～5万元的保单，这表明被保险人的保障严重不足。"北京一家保险公司核保部人员告诉记者。

健康保险保障的核心风险是因健康原因导致的经济损失，包括三个方面：一是因为疾病或意外伤害导致的医疗费用开支；二是因为疾病或意外伤害导致不能正常工作或失去工作能力从而带来的收入损失；三是因为疾病衰老或意外伤害导致生活不能自理从而带来的护理开支。

第一部分医疗费用开支，按照目前国内的癌症的平均花费来看，30万元是一个比较客观且实际的数字。第三部分的护理开支，按照加拿大癌症协会的统计，会是两倍于医院的开支，如果患者可以存活较长时间的话，那这就是60万元。这两部分的90万元是纯花销。

医疗险是以是否发生医疗行为为赔付条件的，重疾险是以重大疾病是否发生为赔付条件的，所以重疾险不是医疗险。那么第二部分，也可能是最大部分的损失就是工作收入的损失，按照五年存活率的五年期限来看，至少需准备五年的年收入作为重疾险保额。

有保险界人士认为，过去要想实现这个保额有难度，但随着预定利率的放开，再加上消费型重疾险以及定期重疾险等产品的丰富多样，实现保额达到年收入的5到10倍不是一个难事。

吴先生是为数不多的重疾险保障比较充足的例子。因为有了300万元的理赔款，吴先生就一段时间里放心地将企业交由专人打理，自己则安心养病。吴先生一被确诊罹患肺癌，就为他的太太增加了200万元重疾险保障，加上太太之前已经有200万重疾险保障，她的重疾险保障达到了400万元。

中央财经大学保险学院院长郝演苏表示，市场要求重疾险产品为客户提供健康管理服务，但其实目前的情况依然是雷声大雨点小。"为客户提供健康管理应该是个系统工程，保险公司许多部门应该参与进去，而不仅仅是保险营销员为了销售保险产品才为客户提供服务。"

郝演苏认为，保险公司会在收取的保费中提取防灾减灾的费用，具体到健康险中，这笔费用应该用到为客户提供健康管理服务上。保险公司应该根据客户的实际情况为客户提供专项检查，并且在保险产品中体现出来。他举例说，比如一位客户购买保险产品时体重超标严重，保险公司会增加客户的保费标准，但客户承保之后，保险公司是否能为客户量身定制健康计划，并在客户体重合格之后将他的保费降下来？郝演苏认为，目前这在重疾险市场上还是个空白。

重疾险 6 种必保疾病

从世界各国的经验来看，重疾险所保障的多种疾病中，发生率和理赔率最高的疾病至少有三至六种，这些疾病对重疾险产品的价格影响最大。为保护消费者权益，充分发挥重大疾病保险的保障功能，中国保险行业协会与中国医师协会合作制定了《重大疾病保险的疾病定义使用规范》，并规定以"重大疾病保险"命名、保险期间主要为成年人阶段的保险产品，其保障范围必须包括 6 种必保疾病：

1. 恶性肿瘤——不包括部分早期恶性肿瘤；

2. 急性心肌梗塞；

3. 脑中风后遗症——永久性功能障碍；

4. 重大器官移植术或造血干细胞移植术——须异体移植术；

5. 冠状动脉搭桥术（或称冠状动脉旁路移植术）——须开胸手术；

6. 终末期肾病（或称慢性肾功能衰竭尿毒症期）——须透析治疗或肾脏移植手术。

血栓："想走就走"的旅行

作者：李益先

在重大疾病保险中，许多保障范围内的大病都是由血栓引起的。所以，我们需要了解血栓的形成、血栓造成的危害。许多疾病会引发血栓的形成。血栓不是固定在一个部位的，它"想走就走"，走到的部位不同，会导致不同的疾病。

血栓的形成

血栓的前世，就是讲血栓是怎么来的。大家都吃五谷杂粮，为什么有些人长血栓，有些人不长？

血栓是什么样子的？它长得就像是血豆腐一样，不同的是血豆腐是在体外凝固的。实际上，血液在血管中流动的时候，一般情况下是不会凝固的，因为血液中有抗凝固的物质存在。当血管有破损的时候，血小板聚集到破损的地方，然后红细胞也聚集过来，再加上各种凝血因子，就会形成血栓。

血栓在动脉和静脉中都有可能形成

血栓虽然是在血管中形成的，但实际上它和人体的肝功能、肾功能以及内分泌系统都有关系。所以我们说，血栓有一个"肝爸爸"、有一个"肾妈妈"，还有一个"内分泌大家庭"。

肝脏上的疾病有急性或亚急性重症肝炎、慢性肝功能衰竭失代偿；肾脏上的疾病有慢性肾功能衰竭、尿毒症；内分泌功能出现问题，就可能导致糖尿病、高血脂、恶性肿瘤等，这些都是和血栓形成关系密切的疾病，其中的大部分疾病也是重疾险承保的疾病。

几种重疾险保障范围内的重大疾病

一、急性或亚急性重症肝炎

指因肝炎病毒感染引起肝脏组织弥漫性坏死，导致急性肝功能衰竭，且经血清学或病毒学检查证实，并须满足下列全部条件：

（1）重度黄疸或黄疸迅速加重；

（2）肝性脑病；

（3）B超或其他影像学检查显示肝脏体积急速萎缩；

（4）肝功能指标进行性恶化。

五种肝炎病毒的特征比较见表1，最重要的临床常规肝生化试验见表2。

表1　五种肝炎病毒的特征比较

	甲型肝炎（HAV）	乙型肝炎（HBV）	丙型肝炎（HCV）	丁型肝炎（HDV）	戊型肝炎（HEV）
结构图					
科	小RNA病毒科	肝DNA病毒科	黄病毒科	无	杯状病毒科
属	肝病毒属	正嗜肝DNA病毒属	丙型肝炎病毒属	丁型肝炎病毒属	无
病毒体	27mm；二十面体	42mm；球形	60mm；球形	35mm；球形	30~32mm；二十面体
包膜	无	HBsAg	有	HBsAg	无
基因组	ssRNA	dsDNA	ssRNA	ssRNA	ssRNA

	甲型肝炎 （HAV）	乙型肝炎 （HBV）	丙型肝炎 （HCV）	丁型肝炎 （HDV）	戊型肝炎 （HEV）
基因大小	7.5kb	3.2kb	9.4kb	1.7kb	7.6kb
稳定性	热稳定 酸稳定	酸敏感	乙醚敏感 酸敏感	酸敏感	热稳定
流行性	高	高	中等	低，局部	局部
爆发性	罕见	罕见	罕见	常见	孕妇
慢性肝炎	从不	常见	常见	常见	从不
致癌性	否	是	是	存疑	否
疫苗	有	重组亚 单位疫苗	无	无	无

表 2　最重要的临床常规肝生化试验

功能系统	试验	意义
肝细胞损伤	谷丙酶（ALT）	肝细胞损害的活性
	谷草酶（AST）	肝细胞损害的重要
	直接胆红素（Dbil）	肝细胞破坏，淤胆
肝细胞损伤或 淤胆	γ转肽酶（γGT）	淤胆，肝损害重，酒精、药物肝病
	碱性磷酸酶（ALP）	淤胆，肝内浸润，肝、骨病，妊娠
肝细胞代谢	间接胆红素（Ibil）	血色素代谢，肝细胞转化清除功能
肝功能容量	白蛋白（AIb）	合成功能
	凝血酶原时间（PT）	合成功能，肝衰竭诊断、预后

二、慢性肝功能衰竭失代偿期

指因慢性肝脏疾病导致肝功能衰竭。须满足下列全部条件：

（1）持续性黄疸；

（2）腹水；

（3）肝性脑病；

（4）充血性脾肿大伴脾功能亢进或食管胃底静脉曲张。

因酗酒或药物滥用导致的肝功能衰竭不在保障范围内。

三、终末期肾病（或称慢性肾功能衰竭尿毒症期）

指双肾功能慢性不可逆性衰竭，达到尿毒症期，经诊断后已经进行了至少90天的规律性透析治疗或实施了肾脏移植手术（见图1）。

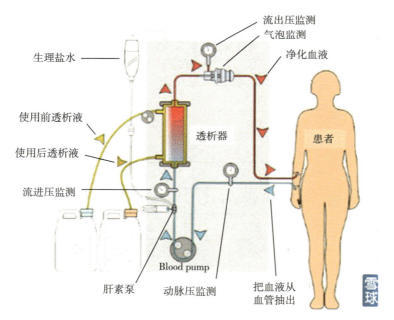

图 1

四、恶性肿瘤

指恶性细胞不受控制地进行性增长和扩散，浸润和破坏周围正常组织，可以经血管、淋巴管和体腔扩散转移到身体其他部位的疾病。经病理学检查结果明确诊断，临床诊断属于世界卫生组织《疾病和有关健康问题的国际统计分类》（ICD-10）的恶性肿瘤范畴。

恶性肿瘤当中的血液系统肿瘤，例如白血病，也特别容易形成血栓。对于白血病有一种治疗方法叫骨髓移植，这也是重疾险承保的。

五、重大器官移植术或造血干细胞移植术

重大器官移植术，指因相应器官功能衰竭，已经实施了肾脏、肝脏、心脏或肺脏的异体移植手术。

造血干细胞移植术，指因造血功能损害或造血系统恶性肿瘤，已经实施了造血干细胞（包括骨髓造血干细胞、外周血造血干细胞和脐血造血干细胞）的异体移植手术。

六、急性心肌梗塞

血栓长在不同的部位导致不同的疾病，如果冠状动脉中长了血栓，就会引起急性心肌梗死，这是重疾险中所保的疾病（见图2）。

该种大病指因冠状动脉阻塞导致的相应区域供血不足造成部分心肌坏死。须满足下列至少三项条件：

（1）典型临床表现，例如急性胸痛等；

（2）新近的心电图改变提示急性心肌梗死；

（3）心肌酶或肌钙蛋白有诊断意义的升高，或呈符合急性心肌梗塞的动态性变化；

（4）发病90天后，经检查证实左心室功能降低，如左心室射血分数低于50%。

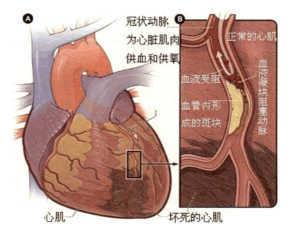

图 2

如果确诊为急性心肌梗塞，治疗一般有三种方法：

1. 静脉输注溶栓药物；

2. 给予冠状动脉介入治疗；

3. 行冠状动脉搭桥术。

其中冠状动脉搭桥术是重疾险承保的核心疾病。

冠状动脉搭桥术（或称冠状动脉旁路移植术）指为治疗严重的冠心病，实际实施了开胸进行的冠状动脉血管旁路移植的手术。

冠状动脉支架植入术、心导管球囊扩张术、激光射频技术及其他非开胸的介入手术、腔镜手术不在保障范围内。

七、脑中风后遗症

如果心房里长了血栓，会引起脑中风，这是为什么呢？心脏里长了血栓，这个血栓随着血液从动脉中流到脑部，堵塞住脑部的血管，就会形成脑中风，脑中风后遗症就是重疾险所保的疾病（见图 3）。

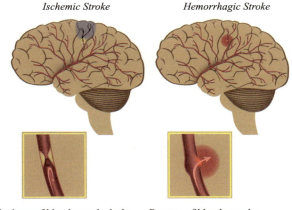

Brain Stroke

Ischemic Stroke   *Hemorrhagic Stroke*

Blockage of blood vessels; lack   Rupture of blood vessels;
of blood flow to affected area   leakage of blood

图 3

　　脑中风后遗症指因脑血管的突发病变引起脑血管出血、栓塞或梗塞，并导致神经系统永久性的功能障碍。神经系统永久性的功能障碍，指疾病确诊180天后，仍遗留下列一种或一种以上障碍：

　　（1）一肢或一肢以上肢体机能完全丧失；

　　（2）语言能力或咀嚼吞咽能力完全丧失；

　　（3）自主生活能力完全丧失，无法独立完成六项基本日常生活活动中的三项或三项以上。

　　人体的构成是一个非常复杂而又精密的体系，一粒小小的血栓就会关联到这么多疾病，所以要治疗血栓性疾病也是个系统的、综合的过程。我们对血栓有了更深入的了解就会在治疗过程当中更加得心应手，在血栓形成早期遏制住它，让重大疾病不再沉重。

为什么我国肿瘤患者的五年存活率如此低

从数据可以看到，我国肿瘤患者五年存活率远低于欧美等国。一般认为，导致此现象出现的原因，有以下五个方面：

1. **肿瘤的类型不一样**。我国肿瘤患者中肝癌、肺癌居多，这类癌症的死亡率较高；而欧美方面，则是乳腺癌、肠癌居多，治愈率较高。

2. **肿瘤发现的时期不一样**。由于看病难、看病贵等原因，造成大多数我国患者不轻易去医院、不愿意去看医生，以致许多肿瘤发现时都已是晚期，死亡率就高。

3. **肿瘤治疗技术的规范不一、缺乏严谨度**。目前，我国对于各类肿瘤的治疗技术制定规范不统一，所以造成不同地区、不同医院的水平参差不齐，经济欠发达地区的患者治愈率更是偏低。

4. **公众对肿瘤的认知程度不高**。欧美国家的公民健康教育已非常普及，相比之下，我国的健康教育水平远远跟不上经济发展和人口老化的速度。虽然近年随着生活水平的提高，社会大众也意识到健康的重要性，但由于一些社会上的企业以追求利润最大化为目的，使健康教育出现了方向性偏差。而各级政府中的健康教育机构和社会组织，或困于经费不足，或囿于人力有限，健康教育的力量还很薄弱。

5. **财务支持不一样**。欧美等国的社会医疗保险与商业保险的覆盖率非常高，但在我国社会医疗保险还未完全覆盖，商业保险的承保率则更低，老百姓因病致贫、无钱看病的例子比比皆是。经济压力影响了这些肿瘤患者的生存几率。

重疾理论：原发性肝癌

原发性肝癌是常见的恶性肿瘤之一，我国的发病人数约占全球的半数以上，基数非常大。它高发于东南沿海地区，男性比女性发病率高，比例约为 5 : 1。为了解原发性肝癌的前世今生，让读者对肝癌有系统的认识，加强日常生活中的警惕和预防，笔者采访了北京大学肿瘤医院肝胆外科副主任钱红纲。

由于肝癌的早期症状不明显，所以患者比较难做到早期发现，80% 的患者发现时，多数已经是晚期肝癌了，仅 1/5 可以手术。近年，随着肝外科手术技术的进步，总体疗效有所提高，但即使获得根治性切除，5 年内仍有 60% ~ 70% 的复发率。因此，探清肝癌的病因做好预防和及时定期进行筛查是大家必须认真重视的事情。

一、肝癌怎么来的

肝癌是免疫系统的慢性肿瘤，也是当今最为常见的肿瘤之一。据临床统计，大部分肝癌都是发生于 40 岁以后的中老年人身上，因为致癌因子的作用需要有一个积累的过程，这个过程可长达数十年之久，所以，肝癌患者以中老年人居多，50 到 60 岁之间是个高发年龄段。此外，肝癌的发生也与人体的免疫功能衰退有关——人到中年以后，胸腺逐渐萎缩，因而与胸腺内分泌密切相关的细胞免疫功能也逐渐减弱，人体不能有效地排斥异常的细胞，肿瘤也就趁机萌发。

但是在近年，我们也经常可以看到一些年轻的肝癌患者。随着社会的发展，肝癌也越来越趋于年轻化。到底是什么原因诱发了肝癌呢？

1. 病毒性肝炎。乙型肝炎与丙型肝炎是原发性肝癌发生的重要原因之一，其原发性肝癌的产生率要比正常人超过 2~100 倍。在肝癌的多发地域，差不多有 20% 的人是乙型肝炎或乙肝病毒携带者。丁型肝炎虽然为自限性疾病，但它是乙型肝炎慢性化及进一步发展的重要因素。而甲型肝炎预后良好，无慢性化倾向，发生肝衰竭者罕见，无演化成肝癌的危险。戊型肝炎也是一种自限性疾病，亦无慢性病型，预后良好。

2. 黄曲霉毒素。黄曲霉毒素是最强的致癌物质，其适合于低温、高湿的天气环境中发展滋生。比如我国江苏的启东地区，该地区一直是我国肝癌的高发地区，因为当地环境多雨潮湿，食品、谷物及饲料等特别容易霉变，被黄曲霉菌净化而发生黄曲霉毒素。持久食用包含有这样毒素的食品可引发肝癌。

3. 饮水污染。大量的流行病学调查证明，饮用水的污染是独立于肝炎病毒和黄曲霉毒素以外的另一个肝癌危险因素。长年饮用不洁水，水中的微囊藻、节球藻毒素等有肝毒性及促癌作用，它们与其中的黄曲霉毒素有协同致癌的作用。

4. 酒精过度。饮酒过度是慢性肝病病因中最主要的因素，但通过研究表明酒精和肝癌细胞无直接关系。它的作用类似于催化剂，能够促进肝癌的发生和进展。这是因为酒精影响了肝脏的正常代谢，引起肝内脂肪沉淀而造成脂肪肝。饮酒愈多，脂肪肝愈严重，若再大量酗酒，会大大加快加重肝硬化的形成和发展，促进肝癌的发生。一般在体检中查出的单纯性脂肪肝转成肝癌的概率较低，这类人群不必过于惊慌，控制饮食，加强锻炼就好。

5. 其他原因。包括吸烟、肥胖、微量元素等。其中，吸烟的影响日益被人们关注。据一项调查数据显示，每日吸烟量同肝癌的死亡也呈显著的正向关系。因为一方面肝脏作为一个解毒器官，一些与吸烟有关的肿瘤极易转移到肝脏继发肝癌；另一方面由于吸烟的直接作用，香烟中的一些化学物质能够直接损害肝脏。所以，吸烟者会增加患肝癌的风险，大家必须重视这个问题。

二、及时筛查必不可少

肝癌几乎没有什么早期症状，因此定期的筛查工作很重要。

1. 自查：关注两大标志——蜘蛛痣和肝掌。

肝癌的中晚期常见症状是乏力、腹胀、腹痛、黄疸，同时关注身上的两种变化：

一是"蜘蛛痣"。蜘蛛痣常常在肚脐以上的部位出现，比如肝部、前胸部，领子开口的地方。另外它还有一个特点，其中间有一个红点，如果用圆珠笔按住了这个红点的中心，那么痣其他的触须部分就会消失。这个小红点，其实是一种毛细动脉，它导致了人体皮肤血管的扩张，就像蜘蛛一样发散出去，所以一摁这个中心其他的发散部分就消失了，这就是非常典型的蜘蛛痣。另外蜘蛛痣还容易出现在手背上、胳膊上、脖子上，大家要注意观察。

二是肝掌。如果近期发现自己手掌颜色变红，在大拇指和小拇指的根部，大小鱼际处出现红色斑点、红色斑块，颜色类似朱砂，并且使劲按压之后呈现苍白色，而掌心依旧呈现白色，建议赶紧就医。

2. 定期去医院进行检查。容易患肝癌的高危人群：男性 35 岁以上，女性 45 岁以上的乙肝 / 丙肝患者应该每 6 个月检查一次。检查方式以"AFP（肝癌肿瘤标志物检查）+ 超声"为主，迹象可疑者可做增强 CT/MRI，每两月复查一次。

三、预防肝癌生活小贴士

1. 乙肝疫苗接种，定时检测。

2. 保存好家里的食品，防止发生霉变。坚决不吃黄曲霉素污染的稻米、面粉、玉米、大豆、花生等。

3. 保证饮水卫生。含有化学物质的饮用水容易让人长癌，5 层以上的高楼楼顶有水箱，水箱应有专人清洁，最好进行二次消毒，水箱的箱体也应使用不会污染水的材料。

4.不吃或少吃含有亚硝胺类物质多的食物，如酸菜、咸菜、咸鱼、香肠等。

5.积极锻炼，控制体重，戒除嗜酒、酗酒等不良习惯，不喝烈性酒、劣质酒，以防酒精对肝细胞的破坏，造成慢性肝脏中毒。

6.一旦患有病毒性肝炎，积极治疗，注意休息。

专家总结：不要挥霍你的身体，改变不良嗜好，从小事做起，防止和预防癌症的产生！

（本文专家支持：北京大学肿瘤医院肝胆外科副主任　钱红纲）

重疾险 3D 训练营第 1 期合影

重疾理论：胰腺癌

因为乔布斯之死，让很多人认识了胰腺癌。事实上，乔布斯所患的并非真正的胰腺癌，而是神经内分泌肿瘤（NET），只是恰好位于胰腺的胰岛细胞上，并不是胰腺癌。真正的胰腺癌患者确诊后的生存时间通常很短，不超过 1 年，有幸能做手术的患者五年生存率也很低。乔布斯所患的神经内分泌肿瘤的性格尚算温顺，在确诊后通过积极治疗还生存了近 8 年。

言归正传，胰腺癌是肿瘤中最致命的一种，被称为癌中之王，早期诊断率低、手术可切除率低、死亡率高，在发病的患者中，病死率达 99%。近年，胰腺癌发病率有明显增加的趋势，特别是在我国经济发达地区，如上海，每 10 万人中就有 12~14 人患病。

胰腺在人体中有什么作用

胰腺位于腹上区和左季肋区，胃和腹膜后面约平第一腰椎椎体处，横卧于腹后壁，为一长条状腺体。它长约 14 ~ 18 厘米，重 65 ~ 75 克。

胰腺为混合性分泌腺体，由外分泌腺体和内分泌腺体两部分组成，所以胰腺主要有外分泌和内分泌两大功能。它的外分泌主要成分是胰液，内含碱性的碳酸氢盐和各种消化酶，其功能是中和胃酸，消化糖、蛋白质和脂肪。内分泌主要成分是胰岛素、胰高血糖素，其次是生长激素释放抑制激素、肠血管活性肽、胃泌素等。

从体积上来说，执行外分泌功能的结构在胰腺中占的比例比较大，胰液通过胰腺导管流入肠道，帮助消化食物。这部分如果发生炎症，将会使强大的消化酶进入腹腔，造成胰腺炎；这个部分的细胞发生癌变，就是我们平常所讲的胰腺癌。

胰腺癌为什么不易早发现

早期的胰腺癌是不容易被发现的，原因有三：一是人们对胰腺这个脏器不熟悉，大部分并不知道胰腺在人体哪个部位。二是胰腺深藏在腹腔后部，在胰腺癌早期，很难用手摸到。三是人们对胰腺癌的某些早期症状不了解。事实上，哪怕在一般的医院里对于胰腺癌的早期诊断也不容易，它没有特异性症状，缺乏简单、可靠的诊断方法。由于症状模糊，许多患者被当做胃病、慢性胆囊炎、慢性肾结石等贻误治疗时机的情况常有发生。大多数病人到了出现黄疸、严重背痛、脾大等才确诊，这个时候都已经到了中晚期。

危险的诱发因素在哪里

据临床治疗数据显示，胰腺癌的起病与吸烟、酗酒、高脂饮食、肥胖、遗传因素有关；同时糖尿病和慢性胰腺炎病人群发生胰腺癌的比例也较高；另外还有许多因素与此病的发生有一定关系，如职业、环境等。故胰腺癌也被称为富贵病，鉴于此，钱红纲主任的忠告是："**可以有钱，但不要任性。**"

同时，一些不明原因的症状必须引起重视——

无法解释的胃痛；

无法解释的黄疸；

无法解释的消瘦；

无法解释的脂肪泻；

无法解释的糖尿病；

无法解释的消化不良。

有以上情况的人群，必须及时开展有针对性的检查，包括超声和内镜超声、增强 CT 和 MRI 等，做到早防早诊。

特别值得一提的是，该类手术治疗的经济准备至少是 10 ~ 15 万元起步，所以无论是否高危人群，在注意健康生活的同时，提早为自己筹划好一份完备的重大疾病保险是必不可少的。假如真有那一天，无从躲避，在良好的经济基础上，我们最需要的是正确的认知、良好的心态和理智的行为。

　　B 超、CT、MRI、ERCP、PTCD、血管造影、腹腔镜检查、肿瘤标志物测定、癌基因分析等，对胰腺癌确定诊断和判断能否手术切除有相当大的帮助。一般情况下 B 超、CA19-9、CEA 可作为筛选性检查，一旦怀疑胰腺癌，CT 检查是必要的。病人有黄疸而且比较严重，经 CT 检查后不能确定诊断时，可选择 ERCP 和 PTCD 检查。

（**本文专家支持：北京大学肿瘤医院肝胆外科副主任　钱红纲**）

重疾理论：乳腺癌

乳腺癌是全球女性发病率最高的恶性肿瘤，全世界每年约有 120 万妇女患乳腺癌。在发达国家，平均每 8 ~ 9 名妇女中就有 1 人可能会患上乳腺癌。在美国，每年大概有 20 万人被诊出患有乳腺癌。

近年在我国的大中城市，女性乳腺癌发病率高居女性肿瘤发病率之首，而且呈现持续上升的态势。《2012 年北京市健康白皮书》显示，北京的乳腺癌发病率已由 2002 年的 33.58/10 万上升到 2011 年的 63.39/10 万，年平均增长率为 5.48%。我国的乳腺癌患者发病的高峰年龄在 45 ~ 55 岁，比西方国家的妇女早 10 ~ 15 年。但是，患者的就诊时间却比西方要晚，在经济不发达地区，30% 的患者确诊时已属于偏晚期，而在美国这一比例只有 15%。

数字是触目惊心的，但是今天的乳腺癌治疗已不同于 20 年前，因为健康意识的不断提高，更多的早期发现和治疗技术的进步，乳腺癌患者的存活率是可以大大提高的，前提就是我们要正确认识乳腺癌，提早做好预防工作。

一、乳腺癌与乳腺疾病

乳腺癌与乳腺增生是两种病。乳腺增生是由于女性内分泌失调，雌激素上升、孕激素下降而造成了乳腺结构紊乱，是良性病变。

单线性的小叶增生不会癌变，绝大多数乳腺增生为生理性，只有当过度性增生形成疱块时才需要干预。

乳腺纤维腺瘤是乳腺疾病中最常见的良性肿瘤，属于单发性肿块，质地坚韧、表面光滑，边界清楚，很容易被推动，增长比较缓慢；多发于 20 ~ 25 岁的年轻女生，发病与雌激素活跃有关。绝大多数乳腺纤维腺瘤不会癌变，但对于肿瘤生长时间较长，并出现短期内快速增大的情况要注意癌变的可能。一般情况下，瘤体大于 1CM，或生长超过 2 年的，应当及时手术。

二、乳腺癌的筛查

乳腺癌通常没有什么症状，但有一些临床的体征应引起重视，如出现无痛性的肿块、肿块的大小或形状产生了变化、乳头凹陷或溢液、溢血等情况。另外，乳腺疼痛也是乳腺癌的一种症状，但这并不常见。

值得一提的是，炎症性乳腺癌是一种罕见的、快速增长的肿瘤，通常没有明显的肿块，但乳腺皮肤会变厚、红，像橘子皮，会发热、起小疙瘩，像皮疹，出现这类情况要及时去医院就诊。早期乳腺癌往往不具备典型的症状和体征。

我们知道，乳腺癌发现得越早，治疗越容易。美国癌症研究所建议女性从 40 岁开始每年做一次乳腺钼靶，但东方女性的体质有所不同，使用 B 超更适合一些。不管怎样，每个女人在 50 岁前都应该与自己的医生沟通，寻找一种更利于自己的检查方式。

一月一次的乳腺自我检查曾经有很多人建议，但研究表明，乳腺的自我检查能发现早期乳腺癌的仅是很小一部分。所以，要真正做好检查，一定要借用先进仪器和医生的经验。

目前，对于不同年龄段、不同状况的女性如何进行筛查，专家提出了以下的建议（见表）。

	普通女性	高危女性
40 岁以下	每 1~3 年乳腺临床检查	每 6~12 个月 1 次乳腺临床体检，每年 1 次乳腺钼靶、体检、B 超，必要时增加 MRI 检查
40~59 岁	每年 1 次乳腺钼靶、体检、B 超	
60~69 岁	每年 1~2 次乳腺钼靶、体检、B 超	
70 岁以上	每 2 年 1 次乳腺钼靶、体检、B 超	
鼓励每月一次乳房自我检查		建议每月一次乳房自我检查

当自己发现乳腺上有一个肿块时，怎么办？首先，别怕！乳腺肿块 80% 不是癌症，往往是无害的囊肿或是组织变化而成的，这与月经周期有关。但同时你应该立即让你的医生知道你发现的问题。如果是癌，发现得早就好，如果确诊不是，就可以放弃顾虑了。确定肿块是否为癌症的最高标准是活检，通常是用一个小针吸取标本进行检测。

三、乳腺癌的治疗

乳腺癌确诊后，下一步是确定肿瘤有多大，癌症扩散到了多远，这个过程被称为分期。医生使用 0～4 期来描述肿瘤是局限于乳腺，还是侵入邻近的淋巴结，抑或已扩散至其他器官，如肺、骨、肝、脑。

乳腺癌的生存率与发现早晚有很大关系。据美国癌症学会研究，早期的乳腺癌患者五年生存率能达 88%；级别越高，生存率则越低，晚期的五年生存率只有 15%。

目前治疗乳腺癌的手段很多：手术、化疗、靶向治疗及新型免疫治疗，其中手术包括保乳手术、乳房全部切除术、腋窝淋巴结清扫术、前哨淋巴结活检术，医生会先确定患者到底是哪种类型的乳腺癌，然后结合其特点和临床积累的知识，再选择合适的治疗方案，争取达到最佳效果。

四、乳腺癌的预防

随着社会的发展与科技的进步，医生们仍在寻找更加有效和低伤害的治疗方法。而我们作为普通人群也要做好各种预防工作。

1.关注乳腺癌的高危人群。乳腺癌患者大部分为女性，男性也偶有，但概率只有女性的 1/100。所以我们的重点关注仍在女性，范围主要圈定在"年龄在 55 岁以上，有家族史、晚婚或未育、初潮早、绝经晚、未哺乳的"女性人群。

这部分人群一定要作好定期检查。

2. 关注危险因素。一是乳房肿块，比如出现异型性增生（小叶或导管），特征复杂的纤维腺瘤、非典型性增长、硬化性腺病；二是长时间应用雌激素，比如口服避孕药、绝经后的激素治疗等；三是不良生活习惯，比如吸烟、酗酒、体重超标等。

3. 关注患癌基因。因为有相关的遗传基因，一些妇女有很高的患乳腺癌的风险。最常见的乳腺癌基因被称为 BRCA1 和 BRCA2，在这些基因突变的女性里，其一生患乳腺癌的几率约是 80%。为降低风险，有人会选择将乳腺切除，比如美国影星安吉丽娜·朱莉（Angelina Jolie）。为了提高生存率就做"切除器官"的手术，无论对于医生还是患者都是一个两难的选择。就我国的情况而言，"预防性乳腺切除"的方法并不适合于大众人群，我们更提倡积极的体检。

4. 建立良好的生活方式，坚持体育锻炼，积极参加社交活动，避免和减少精神、心理紧张因素，保持心态平和。更年期妇女慎用雌激素的替代治疗。

总之，健康生活，定期体检，早发现、早治疗是最好的预防措施。真的面对癌症时，请鼓起勇气，以积极的心态，配合医生开展有效治疗，不要盲目手术，给自己一个选择的时间和权利。

（本文专家支持：首都医科大学临床肿瘤中心乳腺科　赵霞）

肿瘤的免疫治疗进展

自从 2011 年诺贝尔医学奖颁给了三位研究免疫系统的科学家后，他们发现的免疫系统激活的关键原理，革命性地改变了大家对免疫系统的理解，从而推动肿瘤的免疫治疗技术进入了蓬勃发展的时期。在最近这两年，此类技术转化为治疗的手段，应用于胃癌、胰腺癌、直肠癌、乳腺癌等多重实体肿瘤，均取得了良好的实效表现，人们长期以来尝试激活病人自身免疫系统来治疗癌症的努力终于见到了曙光。

可以预见，免疫治疗作为一种疾病治疗的新型技术与手段，不仅革命性地改革了肿瘤治疗效果，还会革命性地改变治疗癌症的理念，更会在未来深刻地影响到医疗、保险等行业的发展。

一、什么叫肿瘤免疫治疗

免疫系统是人体的防御体系，一方面清除细菌、病毒等外来异物，另一方面清除体内衰老的无功能细胞及发生突变的细胞。癌症是基因疾病（免疫失调）全身性疾病的局部表现，细胞基因突变是导致癌症形成的本质。免疫治疗也叫生物治疗，就是利用人体自身的免疫系统来攻击癌细胞的做法。最早采用这种方法的是 19 世纪的美国医生威廉·科莱，他曾尝试用病毒和细菌来治疗癌症。现在国际上常用的"免疫疗法"主要分为两类：第一类是细胞疗法，就是通过直接向病人输入激活的免疫细胞来治疗癌症；第二类是干预疗法，就是通过药物或者疫苗来激活病人体内的免疫细胞来治疗癌症。目前在我国采用的是第一类。

免疫疗法，相对传统化疗或靶向治疗，有一个本质区别："免疫疗法"针对的是免疫细胞，而不是癌症细胞。过去无论手术、化疗还是放疗，我们的目标都是直接去除或杀死癌细胞。这当中至少有三大问题：一是化疗、放疗在杀死癌细胞的同时，也极大地伤害病人身体，大大降低免疫抵抗力，所谓"杀敌一千，自损八百"。二是每个病人的癌细胞都不一样，因而绝大多数抗癌药，尤其是新一代的靶向药物，都只对一小部分病人有效。三是癌细胞进化很快，抗药性很容易出现，导致肿瘤复发率很高。

免疫疗法的靶点是正常免疫细胞，目标是激活人体自身的免疫系统来治疗癌症。因此相对上面三点传统治疗中的缺陷，"免疫疗法"在理论上有巨大优势：它不直接损伤，反而增强免疫系统。其次可以治疗多种癌症，对很多病人都会有效。另外可以抑制癌细胞进化，复发率低。

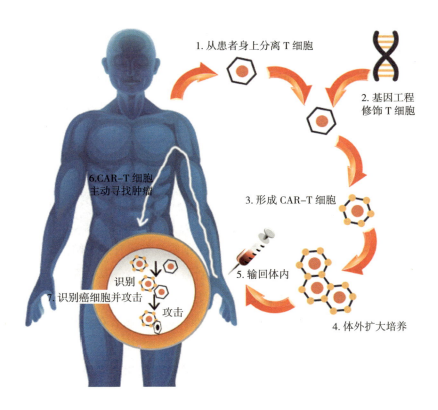

举个例子帮助大家理解免疫治疗——人的身体长了恶性肿瘤就好比森林里起了大火，消防员用各种方法去灭了火，但实际上可能只是灭了表面的火，或是刚灭了西边的火，东边又着了起来。免疫治疗的方法就是想办法让森林里的树木自己重新茂盛地长出来，不让火点有重生的可能。

二、免疫治疗的几项主要技术

1. CIK 细胞免疫治疗

CIK 中文是"细胞因子激活的杀伤细胞"，目前国内应用的比较多的是 CIK-DC 细胞疗法，全称是"细胞因子激活的杀伤细胞—树突状细胞"混合疗法，是 CIK 疗法的升级版。其中的树突细胞并不直接杀死细胞，它和"杀伤性免疫细胞"混合后一起输入病人体内的作用是寻找到癌细胞，并提示别的免疫细胞去杀癌细胞。该治疗方法的本质是向病人输入大量的免疫细胞，希望它们能够杀死癌细胞。但目前还没有大规模临床实验证明其有明显的有效性。有学者建议，从科学理论上来说，CIK（或 CIK-DC）和阻止癌症免疫抑制的药物（比如 PD-1 抑制剂）结合应该会有不错的效果。

2. NK 细胞治疗技术

NK 细胞中文叫"自然杀伤性细胞"，是人体免疫系统的第一道防线，与机体的抗肿瘤和免疫调节功能密切相关，能广泛识别、迅速溶解、杀伤、摧毁癌细胞，对肿瘤转移和复发的元凶——肿瘤干细胞具有显著的杀伤作用。

同时，NK 细胞能够抑制癌细胞附近新血管的生成，从而限制癌细胞生长所需要的养分进而限制肿瘤生长，从源头上防止肿瘤复发和转移，再加上，NK 细胞本身对人体的病毒感染细胞具有杀伤性，对增强患者免疫功能的作用不容忽视。

NK 细胞在临床应用中多与其他细胞技术联合行动，适用于多种癌症。但目前 NK 细胞在肿瘤免疫治疗领域还未形成应有的应用规模，其临床疗效也有待进一步证实。

3. CAR-T 技术

CAR-T 中文名称是"嵌合抗原受体 T 细胞免疫疗法"。据称这是一个出现多年，但在最近几年才被改良使用到临床上的新型细胞疗法。CAR-T 治疗步骤分为 5 步：

（1）从肿瘤患者身上分离并收集免疫 T 细胞。用患者自己的 T 细胞可以最大程度避免异体细胞的免疫排斥反应。

（2）对 T 细胞进行基因工程处理，从而在其表面产生特殊受体，被称为嵌合抗原受体（CAR）。这样 T 细胞变成了 CAR-T 细胞。这标志着它成功地"学会"了如何识别并攻击肿瘤细胞。

（3）体外培养，大量扩增 CAR-T 细胞。一般一个病人需要几十亿，乃至上百亿个 CAR-T 细胞。

（4）把扩增好的 CAR-T 细胞输入回病人体内。注入之后，如果一切顺利按计划进行，T 细胞会在患者体内繁殖，并通过体内的循环系统不断地搜寻肿瘤细胞。CAR-T 细胞一旦发现肿瘤细胞，经设计的受体会引导 T 细胞识别并杀死那些具有相应表面抗原的肿瘤细胞。

（5）严密监护病人。

上述的每一步都有很多的技术问题，门槛非常高，世界上掌握此项技术的机构非常少。目前该项技术应用到临床才两年左右，已获得了早期的成功。尽管这项技术也并不十分完美，仍有许多风险，但人们对其寄予了厚望。

除了上述三种技术外，近年，国内有学者也开始关注基于 TLRs 活化的肿瘤治疗方案和神经精神类药物在抗肿瘤治疗中的意义，比如将 TLRs 活化应用于一些抗辐射的药品开发，这些药品可以用于抵抗肿瘤放、化疗时对身体的辐射伤害。同时还探索利用抗精神病和抑郁症的药品，调节患者的精神状况，将精神治疗与技术治疗相结合。

三、对于癌症免疫治疗的未来预见

◆免疫治疗将是现在及将来彻底消灭肿瘤的最主要手段。

◆利用微生物及其代谢产物来增强机体免疫力，将开启肿瘤廉价、高效治疗的新时代。

◆神经精神干预可能显著增加机体自身抗肿瘤潜力，为肿瘤治疗开拓新的思路。

◆诱导肿瘤过多摄入能量，导致其代谢紊乱和死记，即所谓的"撑死"肿瘤，将可以是继"饿死"肿瘤理论与实践后的又一理论创新，指引肿瘤治疗研究新方向。

（本文专业支持：重疾险 3D 训练营特约专家）

重疾险的未来

重疾，顾名思义就是病情严重的疾病。就拿最常见的重疾——癌症举例：中国的癌症五年生存率普遍比西方发达国家要低，首要原因是我国的癌症患者被发现时大多是中晚期。早预防、早诊断、规范治疗等措施，将使得重疾不重！

重疾之所以被称为重疾，除了病情严重，危及生命以外，很重要的一点就是花费巨大，会给患者及其家人带来沉重的经济负担。如果我们每个人都能透过重疾险做好财务支持，将最大限度地缓解经济负担重带来的压力。

对于健康的关注，目前环境恶劣造成的癌症发病率持续走高，癌症等重疾的医疗费用增长迅速，报销比例却日渐萎缩，随着预定利率的放开，未来数年重疾险等保障型产品会迎来一个爆发期。

我们都知道，保险公司盈利主要靠利差、费差、死差。各家公司都在同一片屋檐下工作生活，费差不可能有多大差别。而按照目前的投资环境，依靠利差是不现实的。保险公司要想盈利，只能靠死差了。说白话一点，过去靠利差盈利时，只要有更大规模的保费收入，保险公司就能活得很滋润。现在必须靠死差，才能生存。正如沪上保险界一位亦师亦友的朋友所言，现在保险公司的高管多是玩利差的赢家，在马上到来的死差争上游的竞争中，一定又是一番适者生存的节奏。

人们购买重疾险固然是为了万一罹患重疾可以获得保险金的理赔，但事实上，人们宁愿不要赔付，也不愿意得重疾。另外患重疾以后，人们除了希望能有资金支持以外，更希望能有一个就诊的绿色通道的服务，提高自己生存的可能。

事实上，目前市面上为数不多的能够提供健康管理服务的重疾险产品，都颇受人们的喜欢，甚至出现了客户只要其附带的健康管理服务，不要保额赔付的现象。

德国保险法在十年前就规定，没有健康管理服务的保险不能叫健康险。

相信不久的将来，市面上就会出现带有重疾预防、绿色通道以及康复等服务的重疾险。

重疾险 3D 训练营南京站合影

重疾不重理念实例

——《中国保险报》

前列腺癌可以药物预防吗？

前列腺癌是欧美男性发病率最高的恶性肿瘤，也是中国男性发病率增长最快的恶性肿瘤之一，前列腺癌防控形势非常严峻。由于前列腺癌的发生、发展依赖于雄激素，因此医学科学家们一直致力于探寻抑制雄激素的药物是否可以预防前列腺癌的发生。

5α 还原酶广泛存于人体组织中，它可以将睾酮转化为活性更高的双氢睾酮（DHT）发挥生物学效应。最近的研究发现，人体中 5α 还原酶有两种同工酶，即 5α 还原酶 1 和 5α 还原酶 2。5α 还原酶 1 广泛分布于皮肤、肝脏、脂肪的腺体、大多数毛囊和前列腺；5α 还原酶 2 主要存在于前列腺及其生殖组织中。默沙东公司研制的非那雄胺可以抑制 5α 还原酶 2，临床研究显示，它可以显著减少前列腺内的 DHT 而不减少体内睾酮水平，可以缩小增大的前列腺同时不会出现雄激素减少的症状。葛兰素史克公司研制的度他雄胺双重抑制 5α 还原酶 1 和 5α 还原酶 2，也可缩小增大的前列腺。因此各国食品和药物监督管理局（FDA）都批准这两种药物用于治疗男性前列腺增生症，它们不仅可以缩小增大的前列腺体积，改善排尿困难的症状，也可延缓疾病进程，减少远期手术风险和急性尿潴留风险。

前列腺癌的发生发展依赖于雄激素，因此，科学家们一直致力于探寻抑制雄激素的药物是否可以减少前列腺癌的发生。但使用抗雄药物会造成男性雄激素水平低下，并产生一系列的副作用，如体力下降、肌肉萎缩、情绪改变、骨质疏松、勃起功能障碍、心血管风险增大等。最近的研究发现，在正常前列腺组织、前列腺增生组织和前列腺癌组织中都有两种 5α 还原酶的表达，因此科学家们提出了一个大胆的假设：5α 还原酶抑制剂非那雄胺或度他雄胺是否可以预防前列腺癌的发生呢？

2003 年，由美国教授 Thompson 领衔的前列腺癌预防试验（PCPT）研究结果发表在权威医学杂志《新英格兰医学杂志》上。该研究旨在评价非那雄胺是否可以减少普通人群前列腺癌的发病率。该研究共纳入 18882 例 55 岁以上、前列腺肛门指诊正常、PSA ≤ 3.0ng/mL 的男性分别给予口服非那雄胺 5mg/d 或安慰剂，试验长达 7 年。研究结果发现非那雄胺可以减少 25% 前列腺癌整体风险，但是高分级前列腺癌的风险增加 27%。高分级前列腺癌是一个恶性度更高的前列腺癌。虽然从整体上非那雄胺能够预防或减少前列腺癌风险 25%，但是高分级前列腺癌风险却增加，因此美国 FDA 未批准非那雄胺用于预防前列腺癌。

这个结果显然让科学家们非常失望，随后他们发现在前列腺癌组织中只有 5α 还原酶 1 的表达增加，而非那雄胺只能抑制 5α 还原酶 2，同时非那雄胺只能降低血清中 DHT 的 71%，而度他雄胺可以降低血清中 DHT 达 95%。因此他们又提出了另外一个假设：5α 还原酶 1 和 5α 还原酶 2 双重抑制剂度他雄胺是否可以预防前列腺癌的发生呢？

2010年，由美国教授 Andriole 领衔的度他雄胺前列腺癌预防试验（REDUCE）研究结果也发表在《新英格兰医学杂志》上。该研究旨在评价度他雄胺是否可以降低处于前列腺癌高风险患者的前列腺癌发生率。该研究共纳入 6729 例年龄在 50～75 岁，血清 PSA2.5～10ng/ml（50～60 岁）或 3.0～10ng/ml（60 岁以上）男性随机接受度他雄胺 0.5 毫克／天或安慰剂，入选者应无前列腺癌的客观证据，该研究长达 4 年。研究结果发现度他雄胺可以减少 23% 前列腺癌整体风险，但在研究的第 3 或第 4 年度他雄胺组有 12 例被诊断为高级别前列腺癌，而安慰剂组仅 1 例。同年，美国 FDA 专家委员会综合 PCPT 和 REDUCE 研究结果，再次拒绝了葛兰素史克公司提交的度他雄胺预防前列腺癌的适应症的申请。但是专家委员会同时指出：非那雄胺和度他雄胺用于治疗男性良性前列腺增生症的获益还是大于风险，医生在处方前应向患者说明其获益和潜在的可能风险。

至此，前列腺癌的药物预防研究再也没有新的结果出现。

提示：

5α 还原酶抑制剂非那雄胺和度他雄胺均可用于治疗增大的男性前列腺增生症，它们不仅可以缩小增大的前列腺体积，改善排尿困难的症状，也可延缓疾病进程，减少远期手术风险和急性尿潴留风险。虽然 PCPT 研究和 REDUCE 研究显示非那雄胺或度他雄胺可以降低前列腺癌的整体风险约 25%，但可能会增加高级别前列腺癌的风险，因此均未被批准用于预防前列腺癌。当然，学术界就增加高级别前列腺癌风险仍存有很多争议，因此我们大可不必为此担忧。

（本文作者：重疾不重讲师团　季涌）

肺癌早发现

肺癌作为恶性肿瘤第一杀手的主要原因是很多患者发现时就已经失去手术根治的机会。

相关科学研究显示，疾病的预后与诊断时期有关，早期比晚期预后好。肺癌发现的时期不同，患者的预后将会是天壤之别，5 年生存率可以从原位癌的 100% 下降到 IV 期的 13%。换句话说，如果在最早期原位癌时被发现，经过正常治疗后，无需放化疗，患者和正常人是一样的，就像是患了感冒一样，治疗好了就没事了。

从病理机制而言，癌症是机体内的一个"异常器官"。一般来说，从一个正常的细胞演变为临床可见的"异常器官"，需要相当长的时间，这个时间可能超过 15 年，甚至达 30 年以上。由于这个漫长的生长演变过程，为我们提供了足够多的机会去逆转它，阻止其发生；或早期发现它，让其得到早期规范化治疗。

那我们怎么才能早期发现这一癌症呢？

癌症不见得一定有症状，可能身体还没有表象的异常感受，人就出现了状况。熊顿就是在正常工作中突然倒下。早期肺癌缺乏特异性正常，甚至是没有症状，所以早期肺癌的发现只能依靠每年体检中针对肺癌的筛查。目前我们针对早期肺癌的影像学筛查方法主要有以下两种：

1. 胸部 X 线片检查

目前我们国家大部分地区，特别是医疗条件不发达的地区，胸部 X 线片是肺癌筛查的首选方法。由于 X 线机设备普及，费用低等因素，X 线胸片仍然位于发现肺癌的第一线。但由于其为二维成像，胸壁结构、肺组织及心脏大血管互相重叠，因肋骨、心脏等脏器的遮蔽，难发现心影后等隐匿部位的病灶，对于体积较小的结节也较难发现。曾有研究者使用 X 线胸片筛查肺癌，但结果不太令人满意，虽然发现了更多的肺癌患者，但大部分都是中晚期肺癌，死亡率没有下降。因早期肺癌多较小，X线平片的敏感性极低，对结节的检出率仅为CT的10%，盲目接受X线平片的筛查只能徒增辐射的副作用，却无法有效地检出结节，从筛查早期肺癌这个角度来说胸部X线平片是毫无价值的。因此，我们建议不要再利用X线胸片筛查早期肺癌。

2. 常规胸部CT与低剂量胸部CT（low-dose computed tomography，LDCT）

常规胸部CT对肺小结节有较高的敏感性，相对于X线胸片，可以发现许多漏诊的小结节，可以明显提高早期肺癌的检出率。但作为健康人筛查手段，其存在较大的射线剂量问题。

研究发现低剂量CT与常规剂量CT对肺内小结节有相同的检出能力。低剂量CT扫描对机器损耗小，成本较普通剂量CT低，而且患者所受X线照射剂量降低约75%～90%，因而在肺癌普查中具有许多优越性。低剂量CT发现早期肺癌的敏感度是常规胸片的4～10倍，可以检出早期周围型肺癌。国际早期肺癌行动计划数据显示，LDCT年度筛查能发现85%的I期周围型肺癌，术后10年预期生存率达92%。

美国全国肺癌筛查试验证明，LDCT筛查可降低20%的肺癌死亡率，是目前最有效的肺癌筛查工具。我国目前在少数地区开展的癌症筛查与早诊早治试点技术指南中推荐采用LDCT对高危人群进行肺癌筛查，但还没有全国性的低剂量筛查指南。相信在不久的将来，我们国家也会有相应的低剂量CT筛查指南。

美国国立综合癌症网络（National Comprehensive Cancer Network，NCCN）指南中提出的肺癌筛查风险评估因素包括吸烟史（现在和既往）、氡暴露史、职业史、患癌史、肺癌家族史、疾病史（慢阻肺或肺结核）、烟雾接触史（被动吸烟暴露）。结合我们国家部分地区大气污染严重、被动吸烟以及饮食习惯（厨房油烟）等特点，部分学者建议国内40岁以上，不分男女，无论吸烟与否，均可进行每年一次的低剂量胸部 CT 检查。

提示：

人们之所以惧怕癌症，往往是由于人们对癌症的未知造成的。在一定程度上说，恐惧也是肿瘤发生的一种危险因素或病因。其实，2006 年，世界卫生组织就宣布癌症与糖尿病和高血压等慢性疾病一样，不过是另外一种常见的慢性疾病而已。因此，我们要学会与肿瘤共存，或者带瘤生存，其实跟高血压、糖尿病差不多，早期发现，早期诊断，早期治疗是关键。

只要我们正确认识恶性肿瘤，掌握它的生长规律，就能正确应对之。对各种相关危险因素作好预防，利用各种筛查方法做到早发现、早诊断，以及早期规范化治疗，相信我们能轻松地面对恶性肿瘤。

（本文作者：重疾不重讲师团　许跃奇）

诊断心脏病的金标准是什么？

我一直以为作为一个心脏科医生会看冠状动脉造影是个最基本的技能，每个心脏科大夫都应该而且必须掌握，但是最近发生在我身边的一件事情让我深有感触。

像往常一样，我们医生团队在处理来自全国各地的伙伴们发来的医疗咨询和求助，其中有一份病例引起了我这个心脏科大夫的注意。一位 35 岁的男性患者，在应酬的时候突然头晕、四肢冰凉、全身出冷汗，当时就到附近医院就诊，考虑是心脏病，收到重症监护室，很快就做了冠状动脉造影，家属被告知患者有冠状动脉狭窄需要放支架，当时家属考虑患者太年轻，想要多咨询几家医院再作决定，于是托关系找到当地另外一家医院的院长会诊，但是院长给出的会诊意见是，放支架没有用，直接来他所在的医院做冠脉搭桥手术。因为是个不小的手术，家属很难作决定。恰巧丁云生老师在近日给家属所在保险公司授课，家属得知丁云生老师有专业的医疗团队在为保险从业人员提供高质量的医疗服务，通过所在公司老总的介绍将病例以最快的速度发到了我们的团队，我看完病例之后考虑冠脉造影的结果并没有那么厉害，不应该放支架和做搭桥。家属心急如焚，连夜带着病例亲自来到北京。第二天我们团队就联系好了全国最有名的心脏医院：北京阜外医院和北京安贞医院，会诊的结果是两家医院的专家都认为冠脉造影结果没有特别提示有严重狭窄，目前不用放支架更不用搭桥手术。冠脉造影目前是作为诊断冠心病最准确的检查手段，被称为冠心病的"金标准"，但是没有想到不同的大夫会作出这么不同的诊断，手段本身没有问题，是使用手段的人出现了问题。

近日，国际上最权威的临床医学杂志——美国《新英格兰医学杂志》刊登了一项最新研究，美国有近半数不该放心脏支架的人被放了支架。对此，中华医学会心血管病学分会主任委员、中国医师协会心血管内科医师分会会长胡大一教授说，"我国滥用心脏支架问题并不比美国乐观。国外，很少有病人需要3个以上支架，可国内，不少病人被放了5～10个支架。"规范治疗还有很多路要走啊，但是患者不能等啊，所以建议大家在作决定之前多听听不同医生的建议。我们经常说防患于未然，对于疾病也是如此，这位患者虽然不用放支架和做搭桥手术，但是35岁的人心脏血管已经出现问题了，长期抽烟导致心脏血管内膜损伤，心脏血管里面的血液流速明显减慢了，这也会导致心脏供血出现问题，如果不控制，将来得心肌梗死的几率很大。

在我国，随着人们生活水平的提高和生活方式的逐渐变化，冠心病的发病率正以惊人的速度上升，已成为引起人群致死和致残的第一位病因。目前研究证实，冠心病的发生取决于多种危险因素，而且多数情况下取决于两个或两个以上危险因素的协同作用。多个危险因素相互作用远高于单个危险因素作用的总和，目前公认冠心病危险因素包括男性、年龄、有早发冠心病家族史、吸烟（现吸烟大于10支／日）、高血压、高血脂、肥胖、有明确的脑血管或周围血管阻塞的既往史。其中，高血压、高胆固醇及吸烟被认为是冠心病最主要的3个危险因素。除性别、年龄和家族史外，其他危险因素都可以预防和治疗。

提示：

虽然随着医学技术的飞速发展，溶栓疗法、冠脉搭桥、涂层支架等新技术可挽救越来越多的冠心病患者的生命，但这毕竟是不得已而为之。有研究表明，全面控制可控危险因素可防止80%以上急性冠脉事件。因此，通过全社会的共同努力，特别是提高高危人群、冠心病患者及其家属对冠心病危险因素的认识，才能有效控制冠心病的发生。

（本文作者：重疾不重讲师团　李益先）

重疾险让你活得更久

去年广东中山有一家保险公司的负责人，不幸罹患鼻咽癌。要知道即使在全世界范围内，广东人罹患鼻咽癌的概率也是最高的。因此广州中山肿瘤医院特意开设了鼻咽癌科，据说这是全世界唯一一个把鼻咽癌单独设立一个科室的医院。经过这些年的重点研究，治疗方案得到改善，鼻咽癌的五年生存率也有了明显的提升。但由于中山的这位仁兄孩子很小，他自己也只有二十万保额的重疾险，经过痛苦的抉择，他决定只用社保药物，自费药物即使要尝试，也顶多试三五天，如果感觉不到对病情的恢复有帮助，则立即停止用药。他尽可能不去动保险公司赔的二十万，尽可能多地给还在襁褓中的孩子多留一些钱。被诊断时还算是鼻咽癌的早中期，结果仅仅过了六个月他就去世了。

中国人癌症的五年生存率比日本、欧美低一半以上，其中一个很重要的原因是中国的保险业普及率和保险额度都偏低，看病时多半不是根据病情需要，而是根据经济状况来决定治疗方案。

重疾险是由南非的心脏外科医生马略·伯纳德发明创造的。他也是全世界第一例心脏移植手术的术者。他给一个肺癌患者手术治疗后，建议她回去好好休息再定期复查。但没想到，该患者很快癌症就扩散了，不久就去世了。医生很难过，后来他发现这名患者有两个儿子要上学，她必须工作，不然孩子就得辍学。这个医生说了一段非常经典的话，这段话也成为了全世界重疾险产生的理论基础。他说，**"医生只能救一个人的生理生命，却不能救一个家庭的经济生命。"** 在这个医生的倡导下，全世界第一张重疾险于1983年在南非诞生了。我要提醒大家的是，这个故事的主人公不是没有钱付医药费用，她已经看完病出了院。她只是没钱去支付两个儿子的教育费用，没有钱去支付自己五年康复的费用，而只能迫不得已去工作，所以才很快去世的。所以**重疾险不是医疗险，它是工作收入损失险，它是为了能让患者更容易挺过五年，有更多的机会获得更多生存的可能。**

有保险界人士建议，中国人购买重疾险要买到年收入的五倍以上。

最近在全国各地给保险公司、银行的业务人员以及客户作分享时，经常会现场提这样一个问题：同样的保费，一种重疾险就是客户罹患癌症了赔一笔钱；另外一种重疾险的客户罹患癌症只能赔上面额度的一半，但我确保这个癌症是早期赔付的，我请问大家要买哪一款重疾险？台下总是异口同声地说买后者！所以重疾险赔付不是目的，而是手段，最终的目的是要更好更久地活着！保险公司的精算师是根据社会自然状况下的癌症发病率算出来的费率，如果客户能在重疾险承保之后，每年做一次专项的癌症体检，那么势必将原重疾险产品预估的癌症发病时间大大提前！结果不仅仅是获得费率方面占尽先机，更重要的是如果真的罹患癌症，很早期就能得到治疗；不仅仅是节省费用、少遭罪，最重要的是能更容易挺过五年，获得更多生存的可能。

用预算的八九成来购买重疾险，用其余的一两成来做专项的癌症早筛以及其他重疾的早诊，是再合适不过的决定了。

医院排行榜

复旦大学最佳专科医院排行榜

肿瘤学	医院名称
1	中国医学科学院肿瘤医院
2	复旦大学附属肿瘤医院
3	中山大学肿瘤防治中心
4	天津医科大学附属肿瘤医院
5	北京大学肿瘤医院
6	山东省肿瘤医院
7	浙江省肿瘤医院
8	四川大学华西医院
9	江苏省肿瘤医院
10	哈尔滨医科大学附属肿瘤医院

心血管病	医院名称
1	中国医学科学院阜外心血管病医院
2	首都医科大学附属北京安贞医院
3	复旦大学附属中山医院
4	广东省人民医院
5	北京大学第一医院
6	沈阳军区总医院
7	北京大学人民医院
8	上海交通大学医学院附属瑞金医院
9	浙江大学医学院附属第二医院
10	哈尔滨医科大学附属第二医院

神经外科	医院名称
1	首都医科大学附属北京天坛医院
2	复旦大学附属华山医院
3	四川大学华西医院
4	中国人民解放军总医院
5	天津医科大学总医院
6	首都医科大学宣武医院
7	中南大学湘雅医院
8	哈尔滨医科大学附属第一医院
9	浙江大学医学院附属第二医院
10	第四军医大学唐都医院

血液学	医院名称
1	中国医学科学院血液学研究所
2	北京大学人民医院
3	上海交通大学医学院附属瑞金医院
4	苏州大学附属第一医院
5	浙江大学医学院附属第一医院
6	华中科技大学同济医学院附属协和医院
7	北京协和医院
8	四川大学华西医院
9	中国人民解放军总医院
10	山东大学齐鲁医院

北京大学最佳专科医院排行榜

肿瘤科	医院名称
1	中国医学科学院肿瘤医院
2	复旦大学附属肿瘤医院
3	中山大学附属肿瘤医院
4	北京大学肿瘤医院
5	四川大学华西医院
6	复旦大学附属中山医院
7	中国医学科学院北京协和医院
8	中山大学附属第一医院

肿瘤科	医院名称
9	郑州大学第一附属医院
10	哈尔滨医科大学附属第二医院
11	吉林大学第一医院
12	青岛大学医学院附属医院
13	北京大学第一医院
14	中南大学湘雅二医院
15	上海交通大学医学院附属仁济医院

心外科	医院名称
1	中国医学科学院阜外心血管病医院
2	首都医科大学附属北京安贞医院
3	复旦大学附属中山医院
4	广东省人民医院
5	华中科技大学同济医学院附属协和医院
6	四川大学华西医院
7	中南大学湘雅二医院
8	武汉亚洲心血管病医院
9	上海交通大学附属瑞金医院
10	中南大学湘雅医院
11	哈尔滨医科大学附属第二医院

心外科	医院名称
12	郑州大学第一附属医院
13	昆明市延安医院
14	中国医学科学院北京协和医院
15	山东省立医院

神经外科	医院名称
1	首都医科大学附属北京天坛医院
2	复旦大学附属华山医院
3	四川大学华西医院
4	首都医科大学宣武医院
5	中南大学湘雅医院
6	哈尔滨医科大学附属第一医院
7	浙江大学附属第二医院
8	山东大学齐鲁医院
9	吉林大学第一医院
10	中国医学科学院北京协和医院
11	上海交通大学医学院附属仁济医院
12	哈尔滨医科大学附属第二医院
13	天津市环湖医院
14	华中科技大学同济医学院附属同济医院
15	郑州大学第一附属医院

血液内科	医院名称
1	北京大学人民医院
2	中国医学科学院血液病医院
3	上海交通大学附属瑞金医院
4	中国医学科学院北京协和医院
5	浙江大学附属第一医院
6	华中科技大学同济医学院附属协和医院
7	四川大学华西医院
8	南方医科大学南方医院
9	山东大学齐鲁医院
10	苏州大学附属第一医院
11	上海交通大学附属第一人民医院
12	吉林大学第一医院
13	哈尔滨医科大学附属第二医院
14	郑州大学第一附属医院
15	华中科技大学同济医学院附属同济医院

第四部分

财务支持

没有心脏外科医生，就没有重疾险

重大疾病保险的创始人，心脏外科医生马略·伯纳德博士与他的患者

这张照片是当年重大疾病保险的创始人马略·伯纳德（Marius Barnard）跟他的患者的一张合影。这是一张真实的照片，所以我希望大家，如果可以的话，在谈重疾险的时候，拿这张照片来讲。真实的照片，讲一个真实的故事，真实是最能打动人的。

这是 2006 年马略·伯纳德医生到中国来访问的时候，他自己展示的一张照片。他说，在 1980 年左右，这位女性是他的一个肺癌患者，当时做完手术以后，医生和这位女性说要休息一段时间再来复查，但是这位女性很快就去世了，医生感觉很难过。后来这个医生发现这位女性有两个孩子要上学，所以她必须要工作，没办法休息，医生就说了一段非常有名的话，这段话就成为了我们重大疾病保险产生的理论基础，这句话是：医学只能救一个人的生理生命，却不能救一个家庭的经济生命。

1983 年全世界第一张重疾险保单在南非诞生了，这就源于上述真实的故事。这个故事在网上有很多版本，你可以用自己的方式来讲述。保单成交本身是理性的，但是成交的一刹那是感性的，在谈重疾险的时候，如果能讲这么一个真实的故事，看这样一张真实的照片，客户的感觉会不一样。

不过我要强调的是，这个女性她不是付不起医疗费用，她是出院了之后需要康复，需要挺过五年，一方面她要承担小孩子的教育费用，另外一方面又要支付自己的康复费用，所以她只能被迫工作，没法好好休息，所以就很快去世了。因此，重疾险从诞生起，它就不是一个医疗费用的问题，而是工作收入损失的问题，是要如何挺过五年康复期的问题。

按照国家的统计要求，病人住进来时活着、出去时也活着就可以了，出院之后到底能不能挺过 5 年，我们国家没有这方面的要求，医院也没有去做这样的一些统计。

在我的字典里面，我希望你看到"重疾险"三个字，就能够直接翻译成是"工作收入损失险"，这是我的一个要求。如果这样的话我相信你对重疾险的理念就通了。

这位马略·伯纳德医生，是我们全世界第一例心脏移植手术的医生，他于 1968 年在南非做了全世界第一例心脏移植手术，是心脏移植手术的鼻祖。在

2006 年，他到中国来访问的时候有一段演讲，讲述了重疾险的开创以及它的重要意义，当时我有幸在现场听了这个演讲。我摘录一些他演讲时的原话。

伯纳德医生说：

随着科学技术的进步、医疗水平的不断提高以及各种新药品的研制成功，使得原来不能治愈的患者有康复的可能，大家可以从近 30 年的医学巨大变化中感受到。但另一方面，由于各样原因，引发疾病的因素较以前增加，患者有越来越年轻化的趋势。医疗进步又使其能尽早发现、及时治疗，例如乳腺癌，及时发现并治疗是可能治愈的，重疾保险可以为其及时提供经济上的帮助。

重疾险自出现以来，在发展过程中也并不是一路平坦，主要原因是跨越了保险和医学两大领域，其复杂的医学知识往往让保险营销员和购买者在理解产品时，极容易产生偏差，而在发生理赔时，购买者自己的理解和保险公司的说法又往往会出现很大的分歧，这一情况在发展中国家中表现得尤其明显。他也表示，实践已经证明重疾险在社会医疗保障体系补充方面的突出功能，同时，重疾险需要和医学共同发展。

重疾险跨越了医学和保险两个领域，所以营销员和客户的理解会有偏差，这是很正常的事情。

举个例子，一个人体检的时候没问题，于是去买保险，结果被告知要加费，这是为什么？这就是保险医学和临床医学的区别。**临床医学只看你今天的状况，不看未来。但是保险医学不是，它要看你未来三年、五年、十年、二十年的状况。**如果你今天的表现让我觉得你的未来五年、十年诱发疾病的几率很大的话，这张保单我宁愿不要，保险公司就是这样子的。

下图是马略·伯纳德医生，那时候，也就是 10 年前他从南非过来，我们

与马略·伯纳德博士的合影

在北京见了一次面，他当时都已经 70 多岁了。为什么我们两有这次面谈呢？因为我连续一百天一天一张重疾险保单，那时候我的重疾险卖得最好，同时我们都是心脏外科医生，我想我们对于医学的理解有相通的地方，所以我们有了这样一次面谈的机会。

十年前的北京，保险市场是没有那么好的。其实，你想要连续一百天一天卖一张重疾险是挺难的。那时候我们中国的重疾险产品，各家保险公司还是不一样的。

2005 年当时我所在的那家公司，我们的深圳分公司，被律师起诉了，律师说我们的重疾险是保死不保病的。我们是一家外资公司，保监会就和我们说，官司你们自己打，不能输，必须打赢，但是我也不能帮你们，你们自己去打就好了。

我们公司的人就想找医生去证明，重疾险里包含的病不是得了就会死的，是可以通过早预防、早诊断、规范治疗提高生存率的，从而说明重疾险不是保死不保病的。但是你要知道医生是很难愿意出来讲话的，医生就相当于公务员一样，不愿意碰这种麻烦。我的很多同学，我的师兄弟，我跟他们都比较好，我就找他们去签字，他们不管是否清楚，总之都来帮我签字了。我自己总共找了200多个北京市各大医院的医生帮我签字，连我们公司领导都很诧异，说老丁原来你在北京医学界混得这么好。

这件事导致公司的重疾险业绩出现波动，后来老板就跟我说，老丁你重疾险卖得好，你就坚持一下，一天卖一张，拉一下大家的信心，等大家都恢复的时候你再停止。当时他请我喝酒，我一激动就答应了，早晨起来一想，不对啊，这事儿太难办了。

可是既然已经答应了，就不能做不到，所以我必须得完成。怎么完成呢？那时候我做保险大概四年的时间，已经有几百位重疾险的客户了，我就在里面挑了一些30岁以上的、比较成熟的、工作五年以上时间的人，一般还是单位里的小头目。我就跟他讲，你看我们公司碰到这种情况了，这是整个行业的情况，你买的这种重疾险现在的业绩下滑很厉害，这时候我们必须把这个情况扳过来，你的保单才有希望，不然的话将来你的保险会有问题，我这样讲是先把他跟我捆在一起。

他就说老丁怎么办啊，这个事情我也帮不了你啊。我说那很简单，你呢就请朋友吃饭，请一桌跟你关系最好的、听你话的人，我来买单。他就去请了。

吃饭的时候一般都是周末，先喝半个小时的酒，大家一兴奋，大哥就站起来，他说老丁是我很好的朋友，也是我的保险代理人，我跟他买了重疾险，特别好，至于怎么好呢，他和我说了，我一看到你们一高兴喝杯酒就忘了，一会儿呢，让他自己给你们说。现在他们行业碰到这种情况，有人说这个产品有问题，因为他是外科大夫，所以他有这个使命，他必须一天卖一张重疾险，不然这个行业就有问题了。今天请他过来就是跟各位讲讲重疾险，讲的好呢你们就多买点，讲的不好你们就少买一点。

客户大哥之所以说重疾险怎么好他自己也忘了这句话，是我和他商量好的，他不说，听我说就行。他说讲得不好就少买一点，这个也是很重要的。客户一句话，抵我们100句话，所以我们要让客户把话说到。

一般来讲，一桌饭10个人，有5个以上都会买，有的人说钱是老婆管啊，有的人身体体检过不去啊，但一般5个以上是没问题的，基本上3个多月就这么挺过来了。

各位觉得难吗？其实挺难的，因为你要和大哥沟通，你要说服他按照你的想法去和他的兄弟们说，但是当你有了使命感之后，就不一样了，这事就变得不是那么难了。当时我的想法是，我必须得干这件事情，我答应领导了，我就要做到，同时，我这样做，感觉是为了整个行业的未来。

没有健康管理的重疾险都是耍流氓

中国保监会主席项俊波在 2014 年 12 月 8 日的行业内部培训会上发言称：保险业将从简单的费用报销和经济补偿，向病前、病中、病后的综合性健康保障管理方向发展，增进参保人健康水平，减少发病率。保险业还将积极开展重大疾病保险，探索开展长期护理保险。同时，保险公司还被要求将健康保险和这些领域的健康服务充分结合，从事后的费用报销服务转变为事前预防、事中管理、事后报销相结合的全流程的健康服务。

德国保险法在十年前就规定，没有健康管理服务的保险不能叫健康险。我国在 2012 年由保监会公文指示，保险公司可以从保费中拿出 10% 来购买健康管理服务给客户。相信不久的将来，市面上所有的重疾险都是带有重疾预防、绿色通道以及康复等服务的。

目前市面上为数不多的能够提供健康管理服务的重疾险产品，都颇受人们的喜爱，甚至出现了客户只要其附带的健康管理服务，不要保额赔付的现象，上演了现代版的"买椟还珠"。

你交的重疾险保费都去哪儿了？

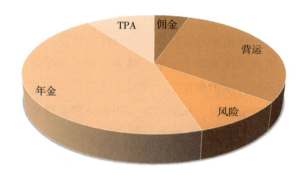

这个是未来最理想的保险产品结构。我们客户交的所有保费里面，有公司营运成本，有承担风险的费用，有将来的年金返还，有营销员的佣金，还有一个就是 TPA。

TPA 是什么？就是第三方的健康管理。保险公司会拿出 10% 来购买 TPA 服务，这里的服务包括很多，比方说预防疾病、早诊疾病、规范治疗疾病，这部分服务是未来的健康险一定要有的部分。在今天其实各家公司都开始做了，或多或少有一点，但不是那么全。

2013 年我帮助一家保险公司做过一个产品的设计，设计完之后，2014 年 6 月份帮他推广了一个月，7 月份他们只是这一款重疾险产品就卖到了整个公司过去平均每个月的所有产品保单件数的 1.5 倍，也就是说过去如果卖 1 万件的话，当月这个新产品就卖了 2.5 万件，靠的就是产品中融入了健康管理的服务。

我们要清楚一件事情，在现在这个时候，也许早期诊断这四个字不太能够指望保险公司去推动，为什么呢？大家知道保单的保费是根据发病率来定的，发病率越高越贵，而且发病越早越贵。我们目前的重疾险定价根据的是现在的整个社会常态，如果我们有些人先知先觉了，去医院早期发现了，没错，对于我们自己来说，我们能够活得更久了，但对于保险公司来说，它的理赔就要提前了，这是违反保险公司的财务安排的。本来是按照过几年以后发病收取的保费，现在要提前赔付，短期来看，保险公司会认为它们的保费收少了。所以，保险公司很有可能会帮你看病，但是从早诊的角度来讲，我不认为保险公司会有动力去推动。

但反过来想，如果人们都去早诊了，对保险公司长远来说，是件好事。人们去早诊了，一定有人的疾病被提前发现了，但也有可能有的人原位癌阶段就被发现了，有的人在得重疾之前就被提前干预了，就变得不得重疾了，保险公司也就不用赔付了。

当然这个健康管理服务，你们的公司有没有不重要，重要的是你要有这个理念，公司有这个服务，就让公司帮你去做这个事情，如果公司没有，你就告诉客户自己去，如果是 VIP 客户，甚至你完全可以自己花点钱请他去。

在保险公司没有开始推动早诊的这段时期，就是我们的机会。我们要全力推动早诊这件事情，因为这对于生命来说是有意义的。大家要牢牢记住那句话，客户买保险的目的不是为了得到重疾险的赔付，客户的目的是为了好好地活下去。

我在美国考察的时候，美国所有的医疗公司，他们的客户都是保险公司这样的团体，为什么呢？因为保险公司希望通过医疗公司去帮助他们自己的客户尽可能不生病，而我们中国的保险公司，实际上还是在谈医疗费用报销的比例和罹患重疾能获得多少赔付。

　　健康险是使人健康的保险，重疾险是为了让人不得重疾的保险，是让人更长久、更有质量活下去的保险。如果我们用这种崇敬的心情去销售重疾险，那感觉一定是不一样的。

重疾险该如何购买？

接下来说一下我们现在的重疾险产品。保险公司的产品，多半都是终身的，或者到 80 岁、90 岁、100 岁，实际上如果你现在 20 岁、30 岁或 40 岁，买了一个产品可以保到 80 岁的话，你现在付出的保费，大部分都在付 60 岁以后的部分。我买了一张缴费 20 年的保单，在第一年的时候，我交 1 万块的保费，这里面 99% 付的都是未来的保费，最开始这几年太年轻了，所需要的保费会很少。就像贷款买房子一样，如果贷的是那种先付利息的，你每月还钱，还 20 年的时间，在你还了 10 年的时候发现，你只还了你的本金的 20% 左右。

市场上常见的都是这种重疾险保单，如果都买这样的保单的话，相对来讲保额是买不了很高的，原因很简单，就是因为保终身的话，现在必须要为未来买单。

你要知道没有哪一个妈妈在小孩生出来之后，就会给他买一件衣服一直穿到 100 岁的，买衣服一定是当季买，最多买个三五年能穿的。但一到了买保险的时候，我们每个人都希望满足到 100 岁都要用，这其实是一个问题。我觉得终身的重疾险你可以买，但是你不能用全部的钱去买，否则买到的保额是不够的，我们最看重的还应该是重疾险的保额。

年龄不一样，发病率不一样，罹患重疾造成的影响也不一样。在医院里，对于不同年龄段的人，治疗的原则是不一样的。80岁的时候得病，和20多岁的人处理方式是不一样的。今天大部分的医院，75岁以下的病人，在治疗方式上会比较激进，为了给他治病，可能会给他开胸，甚至于把心脏换一个，但如果是75岁以上的病人，就会采用姑息疗法，尽可能地把病痛降低，延长他的生命即可。75岁，是我们目前临床医学里面的一个分界线。

那么，我们重疾险的分界线是多少岁呢？我个人认为是60岁或者65岁，也就是我们一般说的退休年龄。

你可以设想一下，你的客户从现在开始到60岁，万一出现了意外死亡、疾病死亡、烧伤，出现了重疾，他会是一个什么样子？你该怎样来设计重疾险保单呢？我一般说两句话，第一句话，**收入决定保额**；第二句话，**可支配收入决定保费**。

重疾险的保额是根据五到十倍的年收入来计算的，所以收入决定保额。但是，可支配收入是什么呢？比如说同样两个人在同一家单位，一个是北京本地人，房子父母都给了，没有房贷，另一个像我们这样属于北漂族，房子得靠自己买。这两人同样的工资，同样的收入，但这两人的可支配收入是不一样的。保费能交多少，取决于他的可支配收入，而不是收入。

如果真的是为客户考虑的话，重疾险应该是一个组合，既要有交一年保一年这种消费型的，又要有交十年保十年，交二十年或者保二十年、或者保到60岁截止的这种定期的，还有就是我们现在常卖的这种，保到80岁或者以后的终身重疾。根据想要的保额、能交的保费，搭配一个最佳配比，做一个重疾险的最佳组合。总之，让客户能够在可支配收入的范围内，买到跟他的收入相匹配的保额，这才是最重要的。

理赔尺度

中国台湾、香港和大陆来讲，重疾险的理赔你觉得哪个更容易？其实是大陆的理赔更容易，因为台湾的保险公司属于私人的，他们多半是严格地按照法律来做，香港也一样。相对来讲，台湾的赔付还是比较严谨的，大陆比较宽泛。

很多医疗服务的公司希望与保险公司做业务，他们就找我去讨论，他们和我说，我们可以帮你降低理赔率，我就跟他们说，保险公司并不在乎理赔率的，保险公司并不在乎赔多少钱，为什么？因为目前我们中国的保险公司还在初级阶段，还在跑马圈地，保险公司最怕的是，客户因为理赔感到不舒服，会影响到客户购买保险的欲望，所以保险公司在理赔的时候是尽可能宽泛的。现在中国的法律也是偏向于客户的，除非是明显的骗保行为。

社保七宗罪

1. 住院押金；

2. 红包；

3. 手术中的自费器材；

4. ICU 自费药物；

5. 住院期间家属额外花销；

6. 住院及在家休息时间工资及奖金的减少；

7. 未来"工作收入损失"。

上面列的这七条叫做社保七宗罪，网上也有，《重疾不重》的书中也用了很大篇幅来讲。这是我自己总结的一个有社保的人去医院看重大疾病，必须面临的七个损失。

先说住院押金，押金并不是说一定会退给你的，我们国家的社保医保跟每个县的财政挂钩，如果那个县的财政破产了，还会给你报销吗？所以押金未必能退给你。

再说红包。在今天的中国，不是你要不要给红包，是你能不能给的出去的问题。当大主任的大夫都不缺钱，如果没有信任的话，你这个钱是给不出去的。能当主任说明他有一定的能力、学识、地位，你想给他钱，他和你之间没有信任，你给的越多他越紧张，越不敢要。今天的中国就是这样一个情况，红包想给都给不出去。

有关于自费药物和自费器材。现在的很多城市、很多省都在做药品的招标，药厂为了招标成功，就无底线地降价，降完之后中标了。但是药厂发现，每卖一盒药，就会亏一笔钱，卖药得到的钱连购买药的原材料都不够，怎么办？于是就把药效减半。所以现在有很多人跟我说，过去开药，吃三天就好了，现在这个药，吃两礼拜好不了，为什么？

怎么解决这个问题？第一，用纯进口药；第二，双倍用药，很多国产药双倍用。但是双倍用药只能自己用，如果说给患者用的话，不管病人有没有看好，患者去告，医生就死定了。本来说的是一天用三片，你干嘛用六片？所以只能给自己家里面的人用，自己的亲戚朋友用。如果有大夫给你开自费药，这其实是好大夫，因为进口药里没有什么回扣，药效还特别好，吃了后很快就会好了，单价或许高一点，但是它的效果很好，总花费就少。

我说过，如果一个人知道五年生存率，知道挺过五年之后，他生存的概率和我们正常人是一样的，他一定会不惜代价挺过五年。什么叫不惜代价？一定是找最好的药物来治疗，充分地休息。如果这五年我不上班、不工作的话，收入是大幅度降低的。想想看，有两个人患癌症了，一个可以充分休息，另外一个因为有孩子、老人、房贷，还要去抽空工作，他们挺过五年的概率有区别吗？那个还要去上班的人一定是存活率低的。

假如幸运地挺过了五年，继续工作了，我们的收入能跟以前一样多吗？五年过去了，第一人会变老；第二毕竟大病一场，再怎么恢复身体也不一样了，第三人的心态变了，对于事情的投入度不一样了，就像美国911之后，很多美国人对于生命的看法都不一样了，本来为了某一个晋升、某一个职务会通宵达旦，现在也不会了；第四专业技能会减弱。

大家想想看，五年之中会有多少变化？五年前我们知道微信吗？

此外，五年间你为了让自己更多地休息，不愿意跟别人多交往，五年之后你要工作了，你肯定要拓展你的圈子，这时候和人们的关系已经变淡了。所以，五年后再工作，收入一定会大幅降低。保监会在2012年建议，中国人购买重疾险，要买到年收入的 5 到 10 倍，就是这么来的。

这个收入损失是疾病本身产生的，即使不去看病，这个损失也是存在的。这让我想到，我们在跟客户谈重疾险的时候，容易犯一个错误。我们总是习惯于问客户：您觉得治疗癌症需要花多少钱？这样问，第一客户觉得不吉利；第二客户会说他有社保，然后你会列数社保的七宗罪。最后，如果你说赢了客户，客户爽吗？客户不爽。事实上我们谈重疾险，谈的是一个疾病险的给付，谈的不是医疗费用的报销，所以这样谈从一开始就错了。

如果你真的想卖重疾险，就不应该谈什么治疗癌症、心梗需要花多少钱，这个本身就是属于医疗险，都是以医疗费用是否发生为赔付条件的，这样的谈法都属于医疗险的范畴。

标准的重疾险的问法是：您觉得如果五到十年不工作，会有多少工作收入损失？

你要谈工作收入损失的话，这是没有地方可以报销的，客户也不会跟你扯医疗费，而且一旦谈的是工作收入损失，谈的是五到十倍的年收入，最后的保额一定高。

财富人生图

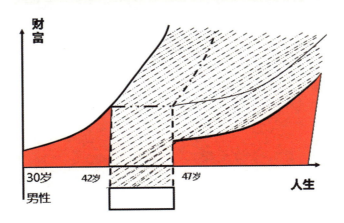

这个图是我自己发明的。我建议见客户的时候和客户一起画这个图。

我记得以前有一个客户，我给他画了这个图，过了三年，客户给我发短信，跟我说：老丁我要买一份保险，就是你给我画的那张图，那上面有一个缺口，我现在有钱了，我要把它堵上。所以图形是很重要的，比较容易记忆，让人印象深刻。

在这个图里面，原来都是红色的，因为一场大病，很多地方都变成了灰色，这些灰色部分，包括医疗花费，包括生病期间的收入损失，包括得病后的收入减少，还包括后期治疗和康复的费用。

去年的 12 月份，济南的一位企业主被误诊为肺癌，前前后后花了 260 万，她把医院告了，医院败诉，最后判医院只赔给她 90 万，为什么？因为那 170 万是后期的护理康复费用。

在我刚入行的时候，没有人告诉我怎么样来卖重疾险，也没有人告诉我该卖多少保额，但是因为我是一个医生，我知道五年生存率，所以我希望我的客户最好别生病，如果万一生病的话，我就希望他能够挺过五年，他得病之后就不要再工作了，他可以安心地看病、安心地休息就好了。那个时候我很单纯，因为我对保险没有理解那么深刻，我只是从一个普通的医生角度来想这个问题，这是我最原始、最纯朴的想法。

人们常说保险是伟大的，但如果保险只是做一点医疗费用报销或者是分红投资，我觉得说伟大就太牵强了。如果保险可以让一个人获得更多生存可能，获得生的希望，说伟大才说得过去。

那时候我卖保险，只卖重疾险等保障类的保险，听别人介绍来找我买保险，若不买重疾险，只想买投资型的保险，我不会卖给客户。若想买也可以，要给我写声明，声明你在听我讲完之后还是要买投资类的保险，将来若不幸发生了什么事，跟我没有关系。

我不希望未来的某个时候，一个人发生了意外，没得到任何的赔付，但他其实是买了保险的，只是没买可以赔付的保险。

所以我觉得重疾险的卖法，早就不是买没买的问题，而是够不够的问题，我希望各位一定要清晰，重疾险的保额一定要高。

两个人，他们患同样的癌症，住同样的医院，花同样的钱，一个人一年挣一百万，一个人一年挣十万，他们的损失一样不一样？

肯定不一样。

所以你看，花的钱一样，损失却不一样，这一点你要很明白地跟客户讲，原因在于他们的工作收入不同。

重疾险是一个疾病险，是一个工作收入损失险，重疾险的保额要根据他的年收入来定，不是我们随便说的。你不知道客户的情况怎么样，你不知道客户的分红、投资、股票收益，你就不知道客户该买多少保额，他应该买多少，最好让他自己定。

重疾险的保额，要量体裁衣，你要像裁缝一样。假如这个人是姚明，你给他量完身高还有各种数据，你告诉他需要多少布，他这件衣服怎么做也不会很小。

我们谈重疾险保额的时候，不要谈保额是多少钱，要谈工作收入损失，要谈客户面临的五到十年的经济收入损失的风险，保额是多少，客户他自己会算的。他如果真的听进去你说的关于五年生存率的话，他真的认为治病之后可以挺过五年，他一定会很认真去算他自己的保额，他只要一认真，他自己算出来的那个保额一定比你估计的多。

如果你帮客户算，你跟客户说，你该买五倍的年收入，大概要100万，那他的习惯反馈是：我哪有那么多钱啊？今年有，明年还不一定有呢。如果你不这么讲，让他自己算，他就该想了，今年有一千万，到后年没准就两千万了。我们说的额度他不一定认，他自己说出来的额度他一定认。

重疾险 3D 训练营简介

　　重疾险 3D 训练营是应业务伙伴的要求开办的，我在 2013 年做了 140 多场重疾不重的分享，那一年见过将近 10 万的业务伙伴，有很多伙伴听完分享后向我反馈，希望可以有一次系统的学习，而不是只听半天。于是，我就创办了重疾险 3D 训练营，其目的是希望可以帮助业务伙伴高效、持久地提升重疾险产能，从 2014 年 2 月 21 日第一期开始到现在已经开了 30 多期。我拿其中一期的课程设置，给大家介绍一下我们的训练营。

　　第一天的上午是由我来和大家作分享，主要是针对"重疾不重"的理念给大家作一个整体的介绍。我讲的东西涉及面会比较广，包括疾病、保险、销售等等。我最开始是做心脏外科医生的，后来去保险公司做销售，后来又去再保险公司负责健康险产品设计，再到后来去专门的保险销售公司做总经理，专注重疾险销售。恰好，我经历了重疾险的每一个环节，也正是这些经历让我坚定了传播"重疾不重"理念、开办重疾险 3D 训练营、致力于提升重疾险专业度的想法。

　　下午一开始的时候是李益先医生的专题，通过"一个血栓的旅行"来看心脑血管等疾病。李医生是心内科的医生，虽然他在医院时间比较久，但是早在

2003年他就有接触重疾险销售。2014年他在"重疾不重"这个理念的感召下，从医院出来全身心投入重疾不重的事业。在上午的时候我会重点讲一下心脏搭桥手术、主动脉手术、心脏瓣膜手术，这些都是外科手术，李医生会主要讲心血管病，讲心脏病的介入，比如放支架、心肺复苏等等，这是心内科做的事情。

作为保险销售员，你来跟我谈重疾的时候，总要有一两个钻研很精的病种，为什么呢？你要让我明白你是专业的。也就是说，你要对某一个病、某一种手术讲得很清楚、很专业，而选择讲心脏搭桥就是一个不错的选择，搭桥手术是一个非常常见的手术，心血管病也是很常见的疾病。

不管是出于业务的需要，还是出于对自己家人、客户的关心，你都应该对心血管病有很清晰的认识。因此，我和李医生，我们两会分别从心脏外科和心脏内科的角度，联合作一个解析，帮助你对心脏病作一些了解。关于疾病，有些话要很清楚地讲，有些话不能随便讲，尤其是面对客户的时候，不能让客户因为我们对重疾的不专业而影响到对于我们保险专业的信任。

下午接下来是季博士的专题，季博士是北大泌尿科的博士，他重点会讲前列腺癌。前列腺癌是目前北美跟西欧这些发达国家男性排名第一第二的癌症。放眼全世界来看，稍微年长一些的男性，只要有名气，不管是从事政治、军事还是经济、文化方面，最后多半都会罹患前列腺癌这种疾病。这是为什么呢？从统计数字来看，75岁以上的男性超过50%的前列腺都有问题，是不是癌症不一定。对前列腺癌这个病各位要好好地去研究一下，多半家庭的财务来源以男性为主，加上中国的男性普遍比较能忍，即使不舒服一般也不会说，男人需要更多的关爱。

关于前列腺癌的治疗，目前在美国的做法不像中国这样会赶尽杀绝，中国人发现前列腺癌，多半都要把它给切掉，但在美国，最近十年以来，他们对前列腺癌是这样处理的：发现前列腺癌之后，不会轻易地决定做手术，会密切观察，看它有没有在短期内发生变化，如果没有变化就不建议去切。因为大量数据显示，有很多的前列腺癌是相对稳定的，如果你切了它，这个人的死亡率反而会高，反而会影响到性功能、影响到泌尿功能。

我举这个例子是想跟各位讲，我们中国对于癌症的理解还不够深入，不像西方国家那么强。我们的习主席去西方国家谈合作，很重要的一个合作领域就是医学，包括我们国家的国务院副总理都去美国的医院看这种研究，因为西方对于这个方面比我们做得更专业。

第二天的课程——原发性肝癌、胰腺癌、乳腺癌，我们会请北京的几位肿瘤医院专家来作解读。这些专家不只给我们讲重疾的这几个癌症，更重要的是，在以后的工作中如果业务伙伴的客户需要做很多重疾的咨询，都可以通过我们联系。2015年通过我们帮助的很多伙伴的重疾客户，都是请这些专家做的会诊。所以第二天上课的专家，不仅是讲师，也是我们重大疾病的咨询师，重疾会诊的专家。

一般情况下，第二天我们会尽可能多地创造一些机会，让到场的各位伙伴跟专家们交流，这对于参训伙伴很重要。去年有一位患者和一个病人家属报名来参加我们的培训，我说我们是重疾险的培训，对你们有用吗？他们说找某某医生找了好久都找不到，恰好知道他在这里讲课，所以就报名来听课。我们的训练营是国内唯一在肿瘤医院以及医科大学内进行的、专门针对重疾险方面的培训，伙伴们都很珍惜这样的机会。

第三天有三位老师作讲解，第一位是心理学方面的 Yuki 老师。为什么会请心理学方面的老师来呢？我们发现，重疾的患者和他们的家属对于癌症的理解，从某种程度上决定了这个患者未来家庭的幸福和生命的走向。也就是说，当一个人罹患癌症之后，患者和他的家属对于癌症的认知以及心理的调整，会影响他的疾病的康复质量。

季博士举过一个例子，他们以前接诊过一个肝癌患者，这个患者在诊断的时候，肿块是比较小的，但是能明确诊断是肝癌。第二天这个患者再来的时候，又去做了一个超声，结果发现他的这个肿块长大了，前面几十年可能只长到了一个黄豆那么大，但是短短的24小时内，却增长到4倍以上了，这就是恐惧对于肿瘤的影响。大家都知道，我们的社保从2012年开始就报销精神类疾病了，因为精神导致的状况是超出一个人想象的，你不会知道得了精神病的人会做什么。得了癌症再严重也能活几个月，甚至几年，但是得了精神病有可能他立马就跳楼了。从某种程度上说，精神类疾病对于人体的摧残，是要高于癌症的。

所以，第三天我们有半天的时间，由心理学方面的专家，帮大家梳理客户的想法。随着我们的客户慢慢增多，客户中也会出现癌症患者，你如何去正确面对癌症患者，如何面对癌症家属？这是需要知道的。现状是，国外的患者一半是被治疗过度而死亡的，一半是病死的，很少有恐惧而死的，但在中国有1/3都是被吓死的，所以我们中国人对于癌症的恐惧是很厉害的，我们国家已经开始做这方面的心理疏导了。

我有同学在澳大利亚，她是心理学的导师，我们共同的一个小伙伴在东北的一个小的地级市，东北的小伙伴有要自杀的倾向。他是有强迫症的，每天上班走之前，反复上楼看门有没有锁，上去看一眼锁了，下楼又想到底锁了吗？就再上去看一下，反反复复，折磨得他都快要自杀了。后来我在北京、小伙伴在家乡、我同学在悉尼，我们三个人微信群聊了好几个小时，就为了解决小伙伴这个问题。

其实大家知道吗？**世界卫生组织对于健康的定义是有三层含义的：第一层是生理的健康；第二层是心理的健康；第三层是社会的健康。**从某种意义上来讲，保险可以帮助我们实现社会的健康。第三天上午 Yuki 老师讲的就属于心理的范畴。如果你是客户，我是代理人，我是希望给到你心理、生理、社会的帮助，不管是直接的还是间接的，我认为这是我的荣幸，帮助别人就是最大的快乐。

最后一天下午，由北京市某三级医院医保办主任王罡老师作讲解，他主要是讲北京市社保的现状，用数据来分析其中的一些问题，重点不是讲社保怎么报销。其实在"重疾不重"的体系里，我是不看社保报销的，我并不希望各位谈重疾险的时候，总是去探讨这个病要花多少钱。同时，从我了解的情况看，重大疾病患者能用社保名额去看三甲医院专科治疗的机会，比你想象的要少得多。

重疾险是疾病险，不是医疗险，医疗险是和治病的医疗花费有关的，疾病险不是。**按照国际惯例，健康险分为四种，是哪四种呢？第一是医疗险，第二是疾病险，第三是护理险，第四是失能险。**

我们今天所有的社保，所有的团体医疗，所有的高端医疗，凡是挂"医疗"两个字的，就是一定要有医疗行为的，就都是医疗险。社保中的大病医保，虽然有"大病"两个字，但它也是要去医院产生医疗花费后进行报销的，所以也是医疗险。

除了医疗险、疾病险，在国内，有的外资保险公司已经开始做护理险、失能险了，但是毕竟标准不统一，所以大部分的护理险、失能险都是不规范的。所以事实上，今天中国的健康险主要是医疗险和重疾险。医疗险是什么？是一定要在医院进行的，一定要有医疗行为的。这个病再重，如果你不去医院看病，医疗险是没有任何意义的，所以医疗险跟医院关系密切。而我们重疾险和医院有关系吗？既有关系也没关系，有关系的是你要靠医院的病理诊断，没关系的是只要诊断就可以了，不需要看病也是可以赔付的。所以医疗险和重疾险相比是有本质区别的。

最近，卫生部、保监会、保险行业协会，包括各家保险公司的大佬、政府官员在一起讨论保险公司和医院如何合作，大家讨论得热火朝天。

有一个事实大家要知道，从医疗险的角度看，保险公司肯定希望病人花费更合理才好，一定希望医疗花费再节约一点，但是呢，医院要靠病人看病带来的医疗花费增加收入，如果大家医疗花费少了或者都不用来医院看病了，医院收入就会减少，所以对医院来说节约医疗花费又是没有意义的，他们两边是有矛盾的。而对于我们老百姓来讲呢，我们花钱买健康保险、作健康管理，目的是去医院花钱吗？不是，我们的目的是不生病，最好一辈子都不生病，一辈子都不用去医院。

我们那天讨论的时候，他们所有的人都关注医疗险。虽然我周围几个小伙伴在一开始提了很多关于健康管理方面的建议，但最终定稿的健康险税优政策，还只是停留在医疗险方面，只是报销的额度、范围更宽泛了一些而已。这次的税优政策究竟是什么？如果老百姓从工资里面扣出一部分钱去买商业健康保险，这部分钱是免交个人所得税的。购买哪部分商业保险可以不用交税？还是医疗险。

重疾险是什么呢？是只要诊断就能赔的，在这一点上医院是不敢作任何改变的，是癌症就是癌症，作这个诊断也花不了多少钱。我们国家每年的重疾险保费规模是按千亿算的，比如说 2013 年我们国家一年有 1 千万张重疾险的新保单，如果按每张保单二三千块钱来算的话，就是二三百亿，而重疾险大部分还是期缴的，除了新单还有老单，我们的重疾险保费规模是不是按照千亿计算呢？而我们的医疗险，是消费型的，是按照百亿规模来算的。在保险公司，保费规模占大头的是重疾险，税优政策改的却是医疗险。保险公司和老百姓真正感兴趣的还是重疾险的税优政策。

我们在训练营中加入社保的这节课，实际上只是想让大家通过一些数据了解一下医疗的现状。

第三天下午是针对重疾险销售的通关训练，让大家真正掌握重疾险的销售逻辑，让客户更容易接受重疾保障规划。

像这样的医学、保险、销售三位一体的专项训练，目前已经有 30 多期，受益三千名左右的伙伴，重疾险的产能有了很大的提升，据不完全统计，是过去的 2.5 倍。

重疾险 3D 训练营

客户的那些问题

买房子是为了住的，买车是为了开的，买重疾险是为了什么？买重疾险是为了不得重疾的。可是客户不这么认为，客户想当然地认为我买重疾险就是要得重疾用的，如果我不得重疾，买重疾险就没有意义了。买东西就是要用的，不然干嘛要买呢？

但我们都知道，买保险最好是"不划算"，"不划算"就是划算，"划算"就是不划算，各位都懂我的意思吧？

我们在面对客户的时候，客户会问很多问题，其实他的问题中有70%到80%都是由两个原因造成的。

第一个原因：客户说，你让我每年交两万块，我要交20年，我交了40万，最后你才赔我50万，这40万和50万差不多嘛。这是客户最常见的话，我交的钱和拿到的钱差不多，其实这句话背后的原因是，他认为自己20年之内不会得病。还有很多客户的其他问题，都是这个原因造成的。

第二个原因：客户说，我买了好多房子，真得了病我就卖一套，一套不够就再卖一套，钱花了，这病呢也看完了，好了就好了，不好也就算了。或者客户说，我准备上50万、100万在那儿放着，我不动，遇见什么事我都不动，就为了得病的时候用。不管客户这个计划是否实现，即使他可以实现，这个计划也不是在作重疾的风险管理，他还是把重疾险当作了医疗费用险。但重疾险不是医疗险，是收入损失险。

我个人总结，客户 70% 到 80% 的问题，就是这两条造成的，第一他认为自己不会生病，第二他认为自己有钱看病。你要明白了这两条，他的很多问题你是无需回答的。

我建议和客户谈重疾险的时候，你先和客户这么说：

我们作这份大病保险计划，并不是说我们一定会得这些大病，也不是说我们拿不起看病的钱，而是说一旦罹患重疾，我们损失的不仅仅是医疗费，更大的是来自于工作收入的损失。

我们要去讨论的不是看病的费用问题，讨论的是挺过五年有多大的可能性的问题。

谈保险，千万不要一上来就和客户推荐产品，要像小李飞刀一样，小李飞刀为什么可以做到刀无虚发，刀出来一定见血？因为刀出来之前他预判好，拿出来一定可以见血，才会拿出来。在拿投保单之前，如果你不能确认客户跟我们之间的信任度，你不能确认客户具备的保险观念是否够，你就不要把投保单拿出来，投保单拿出来得越早越麻烦。

所以我常常说保单只是一个解决问题的办法，是一个工具，它不是目标。如果说你拿出保单之后，客户还要去比，那么说明你前面的关系、观念并没有做到位，因为产品再好都会有漏洞，都会有被攻击的地方。产品是解决问题的工具，而不是最终的目标。

保险是保障人创造价值的能力

　　保险是保障人创造价值的能力，所以不是因为我们有可能患重疾而购买，而是因为我们有创造价值的能力。

　　保险的定义有许多种，但是这个定义我最喜欢，**保险是保障人创造价值的能力**。创造价值就是挣钱，人在挣钱的时候应该有更多的保障，因为保险保障的就是挣钱的能力。

　　一个全职太太，很有钱，但是如果她不工作，她可以买房子，买金银财宝，买股票，但是不可能买更多的重疾险。按照保险法规定，她只能买 20 万到 30 万的重疾险，原因就是保险是保障人创造价值的能力，而不仅仅是保障人拥有的财富。

　　这个保险的定义跟我们重疾险保额的设定、跟你的客户要买到 5 倍的年收入是有关系的。

　　我在 10 多年前买了第一套西装，在王府井买的，还是我刚当医生的时候。我买了之后他给了我一本书，叫《如何选西装》，这之后很多年每次买西装我都去他那儿买，为什么？因为如何选西装是他教给我的。

　　讲这个故事是因为，我建议大家想要卖保单给客户，不妨先把如何买保险的观念给到他。客户的保险观念都是你给的，他想买保险自然会来咨询你。

有一家大公司叫AON，是全球最大的一家保险经纪公司。它的影响力很大，它给全中国很多大的企业作保险的咨询，那些大企业都把保费给它，让它帮着买保险，奔驰、IBM都是这样做的，AON帮他们挑什么保险这些大公司都认可，就是因为AON的专业性。

我希望保险营销员也这样做，虽然我们不是机构，但是我们要做到专业性。我们要和客户谈该怎样买保险，为什么要买保险，客户接受了我们的观念，才会购买足额的保险。

保监会建议的健康险的核心，也就是任何的健康保险都必须含有的三个部分，是我们常说的医疗费用、收入损失、护理康复。 以后各位卖任何一种保险，不要只盯着客户要交的费用，要帮客户想一想有没有收入损失，有没有护理部分，这些都有客户的保险计划才算完整。

健康险分为四种：医疗险、疾病险、护理险、失能险。

我们看，生病了要花钱，医保不能完全报销，出院之后呢，需要护理，不护理的话生存的希望小，生命质量肯定受到影响。另外不管怎么样，得了大病会失去挣钱的能力，生存会更艰难。对于患者来讲，医疗费用、康复费用、护理费用、失去劳动能力的损失，这些影响都是有的。

我认为中国今天的重疾险保额应该买得更高，为什么呢？

就是因为我们中国现在还没有明确的护理险和失能险，所以我们重疾险的责任更大，它要承担起护理险和失能险的作用，再加上我们的社保报的还不够，它要承担的部分更多。

中国的重疾险，尽管是健康险四个里面的一个，但是它的作用是怎么样的？是四个都要去扛，所以相对来讲，它的保额要更高。

第五部分

在路上

我是张懿铭，这部分内容是我主动找丁老师要来的。为什么呢？因为作为丁老师这几年行程的见证者，"在路上"这个题目太适合我来描述了。

　　这是丁老师的第二本书，距离第一本书《重疾不重》的面世已经过了三年。

　　出第一本书时，丁老师还没有经过三年五百场的演讲，在传播"重疾不重"理念的道路上，也还只是丁老师"一个人的武林"。三年时间眨眼就过去了，很多事情都发生了。我想把发生的事情记录下来，没有记录，就没有发生。

丁云生在路上

做保险销售的时候，我们常说，我们不是在客户那里，就是在去见客户的路上。这三年来，丁老师不是在传播"重疾不重"的理念，就是在去传播"重疾不重"理念的路上。

正因为有着这样的心态，才有了下面这样的成绩。他曾经在销售保险第六年、第七年的时候，分别达成了所在公司全国的个人业绩及直辖组业绩的第一名。他也在《重疾不重》面世后三年的时间内进行了五百场"重疾不重"的演讲。

大家想象一下，三年五百场是什么概念？平均两三天就要飞一次，坐飞机那是家常便饭，而现在飞机延误是常有的事，但他从来没有因此耽误过哪怕一次课程。这是为什么呢？不是因为他的运气好，从来没有遇到过飞机延误，而是他有说到就必须做到的决心。

2013 年 4 月 17 日
夜开出租车从石家庄到首都机场飞沈阳，过家门而不入

2013 年 4 月 17 日早上 9 点，丁老师就要赶到沈阳，那天在沈阳他有上午、下午各一场的主题分享，两场总共 3000 人。这 3000 人从辽宁省各个地方坐大巴赶到沈阳，有的人凌晨就出发了。

丁老师原定 16 日下午七点半从石家庄起飞，但到凌晨一点多的时候，丁老师乘坐的飞机还没有飞。当时舱内已经炸锅了，部分乘客与机务人员都要打起来了。

凌晨两点丁老师看起飞无望，果断拎包下了飞机。他找了一辆出租车，就问司机，"大哥北京去不去？给你 1500 块。"石家庄到北京 300 多公里，司机本来睡得特别香，一听给这么多钱，立马特别兴奋，去。

车开出去半个多钟头，丁老师就见司机一直在那点头，丁老师赶紧把司机拍醒，跟司机换了个位置。丁老师自己开着出租车从石家庄机场赶到首都机场，是从自己家门口路过的。那天 6 点 50 的飞机，丁老师 6 点钟到的首都机场，开了一晚上的出租车，又坐飞机去的沈阳，基本上一晚上没睡觉。

丁老师那天在飞机上发的微信这样写道：

"庆幸自己曾经在医院值夜班开夜刀身经百战，庆幸自己当年买的是手动挡的车。在的哥的鼾声中，我开着石家庄的出租车进了北京的二环路。原来北京的路灯是五点熄的，原来北京早上也有鱼肚白，原来我可以离牛街的家几百米而不回，原来首都机场的高速五点多也可以堵！ T3，希望可以 06：50 准时起飞，希望可以 08：20 准时降落沈阳，希望我没有爽约沈阳！"

为什么他要赶过去呢？因为他担心如果他去不了，耽误了公司的安排，几千人都在路上，准备去沈阳，这么多人不能为了他说停就停。

他那天是 8 点钟到的沈阳，衣服是湿透的，胡子邋遢的，就这样讲了一天。

2013 年 5 月 25 日
预感火车晚点果断打车赶去机场，赶上了预订的航班

这段经历，直接放丁老师的微信就可以了：

"今天是周六，不知各位亲是咋过的，跟您分享一下我的周六。

00：11，怀化市（湖南）上火车去长沙。

05：40，发现火车晚点一个半小时，预计七点半才能到长沙，八点飞上海的航班肯定是赶不上了。赶紧又订一班九点半飞的，十一点半到上海虹桥，貌似理论上可以在下午两点之前赶到苏州的会场。

06：35，火车越来越晚，在株洲开始无限地待避，坐立不安间，忽然记得前日在株洲街头瞄到过一次机场高速的牌子，标的是 37KM，顿时弹起，撇下两位同事，拎着行李冲下火车，飞奔出站。

06：45，拦下一辆的士，直奔机场，的哥说去机场需一个小时，我告诉他必须 45 分钟之内到，好在周六的早晨车不太多，到机场仅用了 35 分钟，离开始登机还有 15 分钟。

07：50，在停机坪开始登机了，跟空姐确认可以准点起飞时，才又电话取消刚订的九点多那班机。

09：30，落地虹桥，打开手机的第一条短信就是刚才一起要到长沙的同伴发来的，'八点五十，到达长沙，延误近三个小时。'当时，一阵冷汗，真是后怕。如果当时要傻等着到长沙，今天下午苏州五百人的会场就等于被我放了鸽子。

11：10，在虹桥火车站登上去苏州的高铁。

17：10，从苏州返回到虹桥钢铁。

现在机场候机，预计 20：30 ~ 22：50 虹桥到深圳，24：00 到家。

苏州的朋友说，以前重疾的最高保额没有超过 500 万的，上次大家看在南京做的'重疾不重'的同步视频后，就有业务同仁做出了千万重疾的保额大单。一个不成熟的人的标志是，他愿意为了某个理由而轰轰烈烈地死去，而一个成熟的人的标志是，他愿意为了某个理由而谦恭地活下去。或许，'让重疾不再重'，就是我们甘愿奔波的那个理由吧。晚上好，周末还在为理想而奋斗的人们！"

2015 年 8 月 14 日

巧妙设计，在规定时间内赶到目的地，完成不可能的任务

不多说了，直接上微信：

"山西临汾如何到江苏淮安。

1. 今天下午 17：30 临汾讲完课，要在明天中午之前赶到江苏淮安，直线距离 900 公里。

2. 其实经过亲友们的积极努力，发现可以由临汾到三门峡，再三门峡坐绿皮火车于明天早上九点多到淮安，但由于时间不对，以及买不到票，只得放弃。

3. 最后决定的路线是：临汾 300 公里高速到长治，长治 600 公里夜里一点飞到北京，明早七点再高铁 700 公里十点到徐州，再高速 200 公里到淮安。"

2013 年 12 月 1 日

夜间横穿热带雨林"被转卖"四次，风雨兼程赶到西双版纳

　　某家大型公司的年终答谢会，在西双版纳举行。那几天大雾，丁老师的飞机在昆明不能起飞，丁老师从昆明打车去的西双版纳，"被转卖"了四次。从开始的高级轿车转乘小轿车，最后是坐着一辆货车去的西双版纳。

　　在热带雨林间，丁老师西装革履地抱着公文包，坐在一辆货车的副驾驶位置，只能说：这画面太美我不敢看。

　　摘录丁老师的微信：

　　"昆明大雾航班停飞，昨晚七个小时千里夜袭西双版纳，比起年初自己开着出租车去赶飞机已经幸福很多了。

　　幸福都是比较出来的。"

　　后来，这家公司的老总说，我们只要可以就请老丁来上课，只要他不死，他都会出现在会场的。

演讲是个体力活，丁老师能这样奔波而不知疲倦，除了专注和热爱，没有更好的解释了。三年五百场下来，30万人次从中获益。我们和丁老师说，其实你这三年的经历就可以写一本书，丁老师听后总是笑笑，然后就说，先说正事。

希望他掀起的重疾革命，可以让更多的人获益。

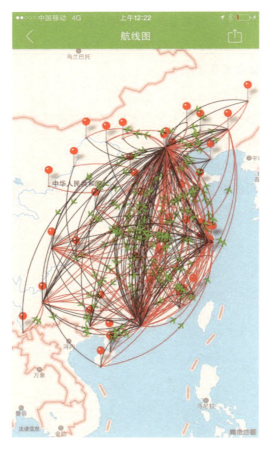

丁云生传播"重疾不重"航线图

丁云生在路上一览表（2013~2015 年）

年份	日期	保险／银行	城市
2013 年	4 月 18 日	保险公司	沈阳
	4 月 20 日	保险公司	哈尔滨
	4 月 21 日	保险公司	大庆
	4 月 22 日	保险公司	齐齐哈尔
	4 月 23 日	保险公司	北京
		保险公司	北京
	4 月 24 日	保险公司	济南
	5 月 11 日	保险公司	广州
	5 月 12 日	保险公司	泰州
	5 月 16 日	保险公司	大连
	5 月 19 日	保险公司	南昌
	5 月 21 日	保险公司	武汉
	5 月 22 日	保险公司	长沙
		保险公司	衡阳
	5 月 23 日	保险公司	邵阳
		保险公司	株洲
	5 月 24 日	保险公司	湘西
		保险公司	怀化
	5 月 25 日	保险公司	苏州

年份	日期	保险／银行	城市
	5 月 26 日	保险公司	深圳
	5 月 27 日	保险公司	邯郸
	5 月 28 日	保险公司	衡阳
		保险公司	岳阳
	5 月 29 日	保险公司	益阳
	5 月 30 日	保险公司	上海
	5 月 31 日	保险公司	赣州
	6 月 4 日	保险公司	北京
	6 月 5 日	保险公司	北京
	6 月 6 日	保险公司	武汉
	6 月 13 日	保险公司	青岛
	6 月 14 日	保险公司	呼和浩特
	6 月 15 日	保险公司	包头
	6 月 17 日	保险公司	南通
	6 月 19 日	保险公司	启东
	6 月 20 日	保险公司	荆门
	6 月 21 日	保险公司	襄阳
	6 月 23 日	保险公司	常德
	6 月 25 日	保险公司	长春
	6 月 29 日	保险公司	东莞
	7 月 1 日	保险公司	台北

年份	日期	保险 / 银行	城市
	7月2日	保险公司	台中
	7月3日	保险公司	高雄
		保险公司	台南
	7月4日	保险公司	桃园
		保险公司	台北
	7月6日	保险公司	台中
	7月8日	保险公司	台北
		保险公司	台北
	7月9日	保险公司	台北
		保险公司	台北
	7月10日	保险公司	广州
	7月11日	保险公司	惠州
	7月12日	保险公司	江门
	7月13日	保险公司	石家庄
	7月14日	保险公司	唐山
	7月15日	保险公司	沈阳
	7月16日	保险公司	武汉
	7月17日	保险公司	荆州
	7月18日	第三方	潜江
		保险公司	仙桃
	7月19日	保险公司	杭州

年份	日期	保险／银行	城市
	7 月 20 日	保险公司	井冈山
	7 月 21 日	保险公司	珠海
	7 月 26 日	保险公司	贵阳
	7 月 28 日	保险公司	台州
	7 月 30 日	保险公司	青岛
	8 月 10 日	银行	深圳
	9 月 2 日	保险公司	北京
	9 月 7 日	保险公司	北京
	9 月 14 日	保险公司	广州
	9 月 15 日	保险公司	深圳
	9 月 18 日	保险公司	石家庄
	9 月 22 日	保险公司	长沙
	10 月 6 日	保险公司	大连
	10 月 12 日	保险公司	北京
	10 月 13 日	保险公司	石家庄
		保险公司	石家庄
	10 月 15 日	保险公司	邢台
	10 月 20 日	保险公司	上海
	10 月 27 日	保险公司	邯郸
	11 月 1 日	保险公司	北京
	11 月 2 日	保险公司	杭州

年份	日期	保险／银行	城市
	11 月 9 日	保险公司	北京
	11 月 10 日	保险公司	北京
	11 月 16 日	保险公司	福州
	11 月 22 日	保险公司	成都
	11 月 29 日	保险公司	福州
	12 月 1 日	保险公司	西双版纳
	12 月 3 日	保险公司	西双版纳
	12 月 7 日	保险公司	济南
	12 月 15 日	保险公司	上海
	12 月 20 日	保险公司	保定
	12 月 21 日	保险公司	保定
	12 月 22 日	保险公司	保定
	12 月 23 日	保险公司	保定
	12 月 24 日	保险公司	保定
	12 月 28 日	银行	广州
	12 月 29 日	保险公司	保定
	12 月 30 日	保险公司	保定
	12 月 31 日	保险公司	保定
2014 年	1 月 6 日		大连
	1 月 7 日	保险公司	包头
	1 月 11 日	银行	深圳

年份	日期	保险／银行	城市
	1 月 17 日	保险公司	包头
	1 月 19 日	保险公司	龙岩
	2 月 15 日	银行	北京
	2 月 18 日	保险公司	北京
	2 月 20 日	保险公司	重庆
	2 月 21 日	第三方	北京
	2 月 26 日	保险公司	台州
	2 月 28 日	第三方	上海
	3 月 2 日	银行	上海
	3 月 3 日	保险公司	银川
	3 月 5 日	保险公司	中山
	3 月 6 日	保险公司	惠州
	3 月 8 日	银行	深圳
	3 月 9 日	银行	广州
	3 月 19 日	保险公司	南宁
	3 月 19 日	保险公司	南宁
	3 月 20 日	保险公司	海口
	3 月 21 日	第三方	
	3 月 22 日	保险公司	营口
	3 月 23 日	保险公司	海口
	3 月 25 日	保险公司	三亚

年份	日期	保险／银行	城市
	3 月 29 日	保险公司	昆明
	3 月 29 日	保险公司	昆明
	3 月 30 日	保险公司	昆明
	3 月 30 日	保险公司	曲靖
	4 月 6 日	保险公司	唐山
	4 月 7 日	保险公司	唐山
	4 月 8 日	保险公司	广州
	4 月 10 日	保险公司	太原
	4 月 12 日	保险公司	南京
	4 月 13 日	保险公司	长沙
	4 月 14 日	保险公司	北京
	4 月 15 日	保险公司	北京
	4 月 16 日	保险公司	昆明
	4 月 17 日	保险公司	枣庄
	4 月 18 日	第三方	北京
	4 月 22 日	保险公司	赤峰
	4 月 23 日	保险公司	天津
	4 月 24 日	保险公司	深圳
	4 月 25 日	第三方	上海
	4 月 28 日	第三方	广州
	5 月 9 日	保险公司	青岛

年份	日期	保险／银行	城市
	5 月 11 日	第三方	南京
	5 月 13 日	保险公司	广州
	5 月 14 日	第三方	成都
	5 月 17 日	保险公司	天津
	5 月 18 日	保险公司	北京
	5 月 20 日	保险公司	深圳
	5 月 23 日	第三方	广州
	6 月 4 日	保险公司	北京
	6 月 5 日	保险公司	南京
	6 月 6 日	保险公司	佛山
	6 月 7 日	保险公司	沈阳
	6 月 9 日	保险公司	北京
	6 月 10 日	保险公司	武汉
	6 月 12 日	保险公司	哈尼族
	6 月 16 日	保险公司	上海
	6 月 17 日	银行	上海
	6 月 19 日	保险公司	成都
	6 月 20 日	第三方	北京
	6 月 22 日	银行	南宁
	6 月 28 日	保险公司	南京
	6 月 29 日	保险公司	广州

年份	日期	保险／银行	城市
	7 月 5 日	理财公司	上海
	7 月 5 日	保险公司	上海
	7 月 6 日	保险公司	重庆
	7 月 8 日	代理公司	泰安
	7 月 10 日	保险公司	通化
	7 月 11 日	保险公司	四平
	7 月 13 日	第三方	北京
	7 月 15 日	保险公司	西安
	7 月 17 日	银行	深圳
	7 月 18 日	保险公司	上海
	7 月 19 日	保险公司	龙岩
	7 月 20 日	保险公司	武汉
	7 月 21 日	保险公司	西柏坡
	7 月 22 日	保险公司	合肥
	7 月 23 日	保险公司	北京
	7 月 24 日	保险公司	龙岩
	7 月 25 日	第三方	上海
	7 月 27 日	保险公司	杭州
	7 月 28 日	保险公司	青岛
	7 月 29 日	保险公司	广州
	8 月 6 日	保险公司	南宁

年份	日期	保险／银行	城市
	8 月 8 日	第三方	北京
	8 月 9 日	银行	南昌
	8 月 13 日	保险公司	郑州
	8 月 21 日	银行	佛山
	8 月 23 日	保险公司	峨眉山
	8 月 24 日	银行	郑州
	8 月 26 日	保险公司	广州
	8 月 29 日	第三方	广州
	8 月 30 日	银行	深圳
	8 月 31 日	银行	成都
	9 月 2 日	银行	广州
	9 月 3 日	银行	重庆
	9 月 4 日	银行	渝北
	9 月 5 日	第三方	北京
	9 月 9 日	保险公司	长春
	9 月 12 日	第三方	北京
	9 月 13 日	保险公司	昆山
	9 月 14 日	银行	昆明
	9 月 17 日	保险公司	济宁
	9 月 18 日	理财公司	上海
	9 月 19 日	第三方	绵阳

年份	日期	保险／银行	城市
	9 月 24 日	理财公司	江阴
	9 月 26 日	理财公司	北京
	10 月 5 日	第三方	北京
	10 月 11 日	第三方	杭州
	10 月 12 日	银行	东莞
	10 月 16 日	理财公司	广州
	10 月 24 日	第三方	广州
	10 月 31 日	理财公司	苏州
	11 月 1 日	理财公司	成都
	11 月 9 日	银行	呼和浩特
	11 月 13 日	保险公司	沈阳
	11 月 14 日	第三方	北京
	11 月 15 日	银行	上海
	11 月 20 日	第三方	湛江
	11 月 22 日	理财公司	三亚
	11 月 24 日	理财公司	三亚
	11 月 26 日	理财公司	三亚
	11 月 28 日	理财公司	三亚
	12 月 6 日	第三方	北京
	12 月 7 日	保险公司	上海
	12 月 13 日	保险公司	昆明

年份	日期	保险／银行	城市
	12 月 14 日	第三方	广州
	12 月 17 日	第三方	深圳
	12 月 19 日	保险公司	上海
	12 月 20 日	第三方	上海
	12 月 21 日	保险公司	北京
	12 月 26 日	保险公司	北京
2015 年	1 月 2 日	保险公司	深圳
	1 月 14 日	保险公司	玉溪
	1 月 15 日	保险公司	昆明
	1 月 16 日	保险公司	曲靖
	1 月 22 日	保险公司	佛山
	1 月 27 日	保险公司	沈阳
	1 月 28 日	保险公司	济南
	1 月 31 日	保险公司	西双版纳
	2 月 1 日	保险公司	广州
	2 月 25 日	保险公司	上海
	3 月 2 日	保险公司	成都
	3 月 13 日	第三方	济南
	3 月 18 日	保险公司	大连
	3 月 19 日	保险公司	
	2 月 27 日	保险公司	台北

年份	日期	保险／银行	城市
	3 月 21 日	保险公司	上海
	3 月 26 日	第三方	重庆
	3 月 27 日	保险公司	青岛
	3 月 28 日	保险公司	南通
	3 月 29 日	保险公司	南京
	3 月 31 日	保险公司	武汉
	4 月 2 日	保险公司	长沙
	4 月 4 日	保险公司	深圳
	4 月 7 日	保险公司	西安
	4 月 8 日	保险公司	泰安
	4 月 9 日	保险公司	济南
	4 月 10 日	保险公司	北京
	4 月 11 日	保险公司	福州
	4 月 12 日	保险公司	天津
	4 月 13 日	保险公司	昆明
	4 月 15 日	保险公司	惠州
	4 月 16 日	保险公司	成都
	4 月 17 日	保险公司	成都
	4 月 18 日	保险公司	成都
	4 月 25 日	保险公司	大连
	4 月 26 日	保险公司	青岛

年份	日期	保险／银行	城市
	5 月 3 日	保险公司	青岛
	5 月 9 日	保险公司	南昌
	5 月 12 日	保险公司	南京
	5 月 15 日	保险公司	青岛
	5 月 16 日	保险公司	青岛
	5 月 16 日	保险公司	青岛
	5 月 17 日	保险公司	青岛
	5 月 19 日	保险公司	昆明
	5 月 20 日	保险公司	深圳
	5 月 23 日	保险公司	青岛
	5 月 24 日	保险公司	青岛
	5 月 25 日	保险公司	南京
	5 月 27 日	保险公司	南通
	5 月 28 日	保险公司	盐城
	5 月 29 日	保险公司	上海
	5 月 30 日	保险公司	宁波
	5 月 31 日	保险公司	宁波
	6 月 2 日	保险公司	上海
	6 月 12 日	保险公司	上海
	6 月 13 日	保险公司	东莞
	6 月 14 日	保险公司	石家庄

年份	日期	保险／银行	城市
	6 月 16 日	保险公司	东京
	6 月 21 日	保险公司	上海
	6 月 22 日	保险公司	杭州
	6 月 23 日	保险公司	杭州
	6 月 24 日	保险公司	金华
	6 月 25 日	保险公司	台州
	6 月 26 日	保险公司	嘉兴
	6 月 28 日	保险公司	郑州
	7 月 4 日	保险公司	沈阳
	7 月 10 日	保险公司	无锡
	7 月 12 日	保险公司	沈阳
	7 月 16 日	保险公司	北京
	7 月 18 日	保险公司	阜阳
	7 月 19 日	保险公司	浙江
	7 月 21 日	保险公司	济宁
	7 月 26 日	保险公司	深圳
	7 月 29 日	保险公司	北京
	7 月 30 日	保险公司	赣州
	7 月 31 日	保险公司	温州
	8 月 1 日	保险公司	金华
	8 月 2 日	保险公司	杭州

年份	日期	保险／银行	城市
	8月3日	保险公司	厦门
	8月4日	保险公司	唐山
	8月7日	保险公司	沈阳
	8月8日	保险公司	南昌
	8月9日	保险公司	鹰潭
	8月10日	保险公司	南宁
	8月11日	保险公司	黄石
		保险公司	黄冈
	8月12日	保险公司	沈阳
	8月13日	保险公司	太原
	8月14日	保险公司	临汾
	8月15日	保险公司	淮安
	8月16日	保险公司	北京
	8月17日	保险公司	泰安
	8月18日	保险公司	广州
	8月19日	保险公司	江门
	8月20日	保险公司	西安
	8月23日	保险公司	南宁
	8月24日	保险公司	湛江
	8月25日	保险公司	中山
	8月26日	保险公司	惠州

年份	日期	保险／银行	城市
	8 月 27 日	保险公司	兰州
	9 月 11 日	保险公司	长沙
	9 月 13 日	保险公司	南宁
		保险公司	柳州
	9 月 16 日	保险公司	广州
	9 月 17 日	银行	杭州
	9 月 19 日	保险公司	福州
	9 月 20 日	保险公司	南宁
	9 月 22 日	保险公司	青岛
	9 月 23 日	保险公司	青岛
	9 月 24 日	保险公司	泉州
	9 月 26 日	保险公司	佛山
	10 月 16 日	保险公司	临沂
	10 月 17 日	保险公司	武汉
	10 月 18 日	保险公司	巴彦卓尔
	10 月 23 日	第三方	北京
	10 月 25 日	银行	天津
	11 月 13 日	第三方	北京
	11 月 15 日	保险公司	大连
	11 月 19 日	保险公司	广州
	11 月 21 日	保险公司	深圳

年份	日期	保险／银行	城市
	11 月 28 日	第三方	杭州
	12 月 4 日	保险公司	济宁
	12 月 5 日	保险公司	镇江
	12 月 16 日	保险公司	长沙
	12 月 20 日	做为发起人、捐资人，举办北京校友会	北京
	12 月 22 日	在母校华北理工大学设立医疗保险奖学金	唐山

他不是一个人在战斗

　　丁老师一直专注于重疾和重疾险的事情，数十年如一日，我们在他身边，也被其感染和鼓舞着。我们几个常和丁老师说，我们是虔诚的信徒，"重疾不重"就是我们的信仰。丁老师说：你们能这么想我很高兴啦，至少我不觉得那么孤单了。

　　实现"重疾不重"理念的更广范围的传播，我们这个团队讨论研究后认为，接受保险公司、银行、中介公司、证券公司等机构的邀请去做演讲和我们自己开办的重疾险 3D 训练营都是我们现阶段必须要做的。因为我们认为这种面对面的交流，效果会更明显。

　　从 2015 年开始，团队更多的小伙伴加入到了出去讲课的队伍之中。首当其冲的就是李益先李医生，因为此，李医生在我们团队内部有"大师兄"的称号，而李医生在某保险公司得到的绰号是"重疾险小王子"。

2015 年 3 月 21 日，对于 FACI 来讲是一个里程碑式的日子。丁老师受泰康保险的委托，在上海的华亭宾馆给中美国际百位业务伙伴与客户，作"重疾不重"的分享；李医生受光大永明保险公司的委托在光大银行北京分行跟数百位 VIP 客户作分享；重疾险 3D 训练营继续在北京肿瘤医院进行第二天的课程，由各肿瘤专家以及专注干细胞研究的博导来进行授课。不经意间我们京沪两个城市三个场地同时开讲"重疾不重"。

重疾险 3D 训练营上海站合影

除了李医生，季涌博士、许跃奇大夫、苏鹏老师和我也都登上了讲台。丁老师和我们说，我们并不是灌输内容，我们是在分享我们的感受，把我们每天经历的事情讲出来，这就够了。

其实，季博士、许大夫、苏老师不只是重疾不重讲师团的成员，也是李医生领衔的医疗团队的成员，他们和丁老师一起，每天都在处理两位数以上的来自全国各地的医疗求助。我们为业务伙伴们开设了一个"李医生邮箱"，专门接收来自全国各地的求助信息，而"李医生邮箱"的背后是以李医生为主的整个医疗团队。

所以，谈我们传播"重疾不重"的理念的感受，谈我们实践"重疾不重"理念的感受，谈我们希望的"重疾不重"的样子，是我们分享的主要内容。

在 2015 年，李医生成为了团队里第二个空中飞人，走遍了中国的大江南北。而季博士、许大夫、苏老师和我则"扫荡"了北京的各个职场。

还有就是我们的重疾险 3D 训练营。2014 年的训练营，大部分都是业务伙伴自己报名参加的，到了 2015 年就出现了很多团体报名的例子。2014 年，大部分参训伙伴都是来自保险公司的个险渠道，2015 年开始银行、中介、电销等其他各渠道的伙伴越来越多。总之，我们的训练营会继续开办下去。

三年来，训练营在北京、上海、广州、南京、沈阳、成都、杭州等城市的各大重疾专科医院和医科大学举办了 40 余场课程。统计数据显示，业务伙伴参训后件均重疾险保额提升了 2.5 倍，其中不乏 100 万、500 万甚至更高保额的重疾险保单。

那些年，我们一起追过的"重疾"

回顾这三年，我们和机构间有四种可以借鉴的合作方式。

第一种是重疾险 3D 训练营搭配强化训练。

2014 年初，信诚人寿广州选拔 300 名种子代理人，先通过"重疾险 3D 训练营"的专场训练学习，后续每季度进行一次为期两天的专场强化训练。参训人员保额平均提升 3 倍，参训人员的重疾险业绩占公司全员业绩的 85%。

第二种是公司定制重疾险 3D 训练营。

2014 年 4 ~ 5 月，中意人寿总公司组织在北京、广州、成都、沈阳、南京、西安举办了六场重疾险 3D 训练营，全国共 175 名代理人报名参训，培训后的 6 月、7 月，每月业绩各 2000 万，且 95% 来自重疾险。

此外，2014 年 10 月 5 ~ 7 日，民生北京定制重疾险 3D 训练营；2014 年 10 月 11 ~ 13 日，阳光杭州定制重疾险 3D 训练营。

第三种是公司组织业务伙伴参加重疾险 3D 训练营。

2014 年 5 月、2014 年 10 月、2015 年 7 月，国寿深圳蛇口分公司分三次推动近百名业务伙伴自己报名参加重疾险 3D 训练营，参训后重疾险业绩平均提升三倍以上。

2015 年 4 月，泰康电销选拔全国范围内前 100 名绩优销售人员，在北京参加重疾险 3D 训练营。

2015 年 6 月，平安广西组织百余名绩优人员及团队主管参加重疾险 3D 训练营，后续各分支机构又邀请丁老师、李医生去广西演讲，助力参训伙伴重疾险保额提升、理念增强。

2015 年 6 月，新华宁夏组织 50 名绩优代理人到北京参加重疾险 3D 训练营的学习，后续还有 50 名伙伴参训的计划，这是新华宁夏的整体培训体系中的一部分。

2015 年全年，华泰江西分四个季度送人参训，每季度选拔 30 名绩优人员参加重疾险 3D 训练营。受此感染，2015 年 11 月，华泰湖南也组织 20 余名伙伴参训。

第四种是丁老师、李医生的系列课程。

2014 ~ 2015 年，丁云生老师先后为阳光保险的银保渠道——招商银行、工商银行、建设银行、浦发银行等进行了 20 余场"重疾不重"专题产说会。

2015 年 5 月，丁老师为太平青岛集中举办了 10 场大型产说会，活动人力 2000 人，当月预收保费 1 亿元，创下人均月重疾险保费 5 万元的记录。

2015 年 10 ~ 12 月，在北京、杭州、济宁、湛江等地，丁云生老师先后为交银康联本部、交通银行理财经理及客户进行多场"重疾不重"专题演讲及训练。

2015 年 8 ~ 10 月，李医生先后为光大永明人寿的银保渠道民生银行的理财经理及客户进行了 20 余场"重疾不重"专题演讲。拿民生银行深圳分行举例子，一共 41 个银行网点，客户经理 100 人，培训后 10 天，收获期缴重疾险保费 670 万元。

写下这段总结，代表着一段时光的结束，同时，这也是一段新的征程的开始。
2016 年，我们还在继续，路在远方，路在脚下。

重疾险 3D 训练营广州站合影

设立母校"丁云生奖学金"

——促进医保产学研深入融合

2015 年 12 月 22 日，在两岸金融保险业中享誉盛名的、重疾风险管理专家丁云生先生一行前往华北理工大学管理学院，参加了华北理工大学管理学院"丁云生奖学金"启动暨颁奖仪式。

华北理工大学管理学院的劳动与社会保障专业依托医学背景，形成了以社会保障为主体、以医疗保险为特色、以商业保险为补充的教学管理模式，借助导师制下教学加实践的无缝管理模式，确保该专业在医疗保险方向的特色和优势。在课程体系建设方面，注重学生医学知识的培养，使学生具有扎实的医学知识基础，熟练掌握现代医疗保险的基本理论知识和实际操作技能。

他们的学生医学知识基础扎实，甚至于可以直接去从事医生的工作。此专业学生既懂医又懂保，是医保结合的不可多得的优质资源。

从 2000 年设立此专业以来，毕业生大多进入了各家保险公司，学校多年来为保险公司输送了众多医学和保险双向精通的人才。

华北理工大学管理学院的"丁云生奖学金"是由丁云生先生赞助设立的。

丁云生先生是华北理工大学的校友，本着为母校作贡献的想法，期望可以促进母校更好的发展。三年来，丁云生先生在华人地区进行了五百多场演讲，推广"重疾不重"的理念，近30万人次从中获益，对于商业健康险的发展起到了推动作用。而从学生抓起，为保险业培养更多的人才，也是丁云生先生一直想做的事情。

"丁云生奖学金"的设立，皆在鼓励具有发展潜质并有志从事保险行业的优质学生，鼓励广大同学注重专业学习的同时，积极进行实践锻炼，提高综合素质。

"丁云生奖学金"分为"丁云生英才奖学金"和"丁云生专业奖学金"。

本次丁云生先生赞助奖学金只是一个开始，将来他希望可以推动学校和保险公司、社保机构有更广泛和深入的合作，真正地做到产学研相结合。

活动当天，丁云生先生邀请了美国国际集团（AIG）中国首席战略官、健康险精算师燕达夫先生，好啦科技CEO、健康险精算师毕海先生，以及两位杰出的校友百度医疗产品经理王晓东女士、北京市肿瘤防治研究办公室主任助理杨雷先生共同前往华北理工大学管理学院，见证了此次的启动暨颁奖仪式。

在签约之后，四位嘉宾还为管理学院的学生们作了精彩的分享。

燕达夫先生分享的题目是《中国医疗保障的展望》，他首先介绍了中国医疗保障体系及现状，接着作出了2030年的预测，最后分析了中国医疗保障体系面临的挑战及未来努力的方向，从大局着眼，以一个健康险精算师的视角，为学生们作了深入浅出的讲解。

燕达夫先生从事健康险事业多年，一直关注整个中国医疗保障体系的状况，也曾为此献计献策，所以，他给学生们带来的不只是数据的展示，而是透过数据之后的深入思考，并启发同学们放眼大局，明确自己的努力方向。

毕海先生演讲的题目是《互联网医疗，与我眼中的大数据》，在互联网和大数据火热的时代，毕海先生用轻松幽默的方式，向同学们展现了互联网的商业核心，指明了互联网医疗的发展方向，同时，毕海先生用自己独有的方式向同学们解释了大数据的运用，鼓励同学们与时俱进。

王晓东女士的演讲题目是《主眼未来：知识、见识、胆识》，她以"知识、见识、胆识"三个不同视角为基点向同学们介绍了自己在成长过程中积累的各种求学、职业经验，并鼓励同学们倾听自己内心的声音，勇于在实践中找出解决问题的方法，更大发挥个人价值。

杨雷先生的演讲题目是《过自己想要的生活》，他先结合北京市肿瘤发病的相关数据，为同学们介绍了自己现在从事的工作内容，然后回顾并与同学们分享了自己的成长经历和感悟。鼓励同学们勇于拼搏、敢于过自己想要的生活。

燕达夫先生、毕海先生、王晓东女士、杨雷先生都和丁云生先生一起参加了"丁云生英才奖学金"的选拔活动，管理学院十名优秀学生代表轮流上台展示自己，经过激烈角逐，有四名同学获得了"丁云生英才奖学金"。这里还有一个小小的插曲，本来应该有三名同学获奖，但评委们都认为四名同学都有资格入选，难以取舍，于是燕达夫先生表示他愿意支付第四名同学的奖学金，所以才有四名同学入选的结果。

"丁云生专业奖学金"按照专业课成绩排名，大二、大三、大四三个年级，每个年级的专业课排名前两名的同学获奖。

华北理工大学校党委副书记朱勇出席仪式并讲话。学生处处长董宝胜，招生就业处、校友办及管理学院领导和有关师生参加活动。

朱勇书记说道，天气很冷、雾霾很重，但我们却感觉到了阵阵的暖意，眼前一片光明，丁先生和他的团队来到了我们学校，设立奖学金，这是一件善事，这是一件大事。丁先生在我们这个行业，成绩卓著，更重要的是他胸有大爱。做人的道理有万千，其中利他主义、为他人着想的精神最为珍贵。今天丁先生和他的团队来到我们中间，给我们树立了很好的榜样。我觉得并不是给我们送来了一些钱，更重要的是给我们注入了一种强大的精神力量和上进要强的精神，希望同学们常怀感恩之心、进取之心，努力学习，顽强拼搏，在相关的专业领域做出突出的成绩，要做最好，以回馈和报答丁先生和他的团队对我们的关心和厚爱。希望丁先生和他的团队继续关心、关爱华北理工大学的发展，特别关注管理学院的发展。

丁云生先生在致辞中表达了对母校的培育和感激之情，以及对同学们的期望。与会学校领导和丁云生先生共同为获得"丁云生英才奖学金"、"丁云生专业奖学金"的同学颁奖。

领奖同学代表在发言中，不仅感谢了丁云生先生的关爱，还感谢了学校领导搭建的平台，感谢了学校老师的培养。他说，会学习、重实践、勤奋斗，才

是奖学金的宗旨，以前我们会对将来的就业有所担心，但今天的各位学长、学姐，各位专家、老师，用他们自己的经历给了我们极大的信心，路就在脚下，虽然我不能改变终点，我却能改变脚踏出的方向。

民生河北团险的负责人靳文军先生是丁云生先生大学时期的好朋友，当天靳文军先生和民生河北的领导一同出席了本次活动，并和华北理工大学管理学院达成意见，尽快组织民生河北的校园招聘活动。

邀请专家来和学生们作分享，邀请保险公司老总来学校进行招聘，一方面让在校学生开拓视野，一方面又为他们将来的就业指明方向，这是丁云生先生设立奖学金的初衷，他希望母校可以发展地更好，愿意为母校多做一点事情。

此行期间，燕达夫先生、丁云生先生、毕海先生、王晓东女士、杨雷先生还就医保专业的课程设置，是"先学医再学保"还是"先学保再学医"等具体问题，和管理学院的师生进行了深入的探讨，实实在在地踏出了保险与医学两大行业碰撞、产学研相结合的第一步。

附 录

媒体观点

💎 选自《中国保险报》

将"重疾不重"进行到底

人物素描：

丁云生，中国医师协会健康管理与健康保险专业委员会委员，重疾风险管理专家；被香港《文汇报》誉为"中国重疾险"之父。

他曾是一名心脏外科医生，参与千台以上心脏外科手术；曾是一名保险代理人，个人业绩拿过全国第一，八年重大疾病保险的专业销售，创下"连续100天每天一张重疾险"的销售记录。

他曾是一名保险公司外勤的高阶主管，团队业绩同样拿过全国第一，近200名业务伙伴，其中有超过50名是医生、护士，不乏教授、主任、博士。

他曾是一名健康保险产品设计师，主导健康医疗保险产品设计以及再保险业务拓展5年，主导或参与开发的"见义勇为保险""牙齿保险"等创业内之先河。

他曾经是现在仍然是将来也一定是一名重疾险的传教士，数年间在中国内地及港澳台地区、东南亚等地做过数百场演讲，数十万业务伙伴受益。

他首创高效行销工具"财富人生图"及"重疾销售的丁氏七种武器"，惠及数百万家庭和保险从业人员。

他出版书籍《重疾不重》。

□本报记者　王方琪

作为一名致力于培训重疾险销售人才的培训师，丁云生始终将"重疾不重"这句话挂在嘴上，甚至在2013年5月还出版了以此命名的一本重疾险销售工具书。今年，他新开拓的重疾险3D训练营，更是大有将"重疾不重"进行到底的气势。

上个月，重疾险3D训练营中意人寿全国巡讲第四站在沈阳结束。趁此机会，记者对丁云生进行了独家采访。

为什么"重疾不重"

《中国保险报》：你开设重疾险 3D 训练营的目的是什么？

丁云生：一句话，就是培养重疾险销售人才。营销员直接面对重疾险消费者，如果营销员不能理解重疾险的意义和功能，不能销售重疾险，那么重疾险的市场普及就是一句空话，保险回归保障也将成为水月镜花。因此，我希望培养出更多的重疾险销售人才。

我一直在做重疾险的华人区巡讲，2013 年全年演讲 149 场。今年依然在做巡讲，巡讲的时间比较短，主要作用是为营销员播下"重疾不重"的种子。而重疾险 3D 训练营有 3 天时间，第一天主要讲重疾险，第二天由医生来讲重大疾病，第三天主要训练销售重疾险。保险、医学、销售，三位一体，高效持久提升业务伙伴的重疾险产能。训练营一般开设在医院里，比如此次在沈阳站的活动就在中国医科大学第一附属医院开设，医科大特别给力，派出 5 名主任医师、博导、教授，轮番上阵，给销售伙伴呈现一天精彩纷呈的医学大餐。营销伙伴想印象不深刻都不行。

《中国保险报》：你总是在说"重疾不重"，这句话究竟是什么意思？

丁云生：以癌症这种重大疾病为例来探讨这个问题吧。我认为，如果对癌症有正确认识，能早发现、早诊断、早治疗，癌症就不再可怕。

癌症不等于死亡。在这一点上，我国很多人都没有意识到这一点。

国际抗癌联盟曾在 42 个国家针对"得了癌症等于死亡"的观点进行调查，结果显示，西方国家仅有 13% 的人这样认为，而我国则有 43% 的人认为该观点正确。

我提出"重疾不重"，首先是希望人们能对重大疾病有一个正确的认知，以积极和阳光的心态来看待重大疾病。

《中国保险报》：有了积极心态之后呢？

丁云生：有了积极心态，还必须对重大疾病有科学的认识。从科学角度上讲，许多重疾也不一定就重到让人束手无策。

中国抗癌协会理事长、中国工程院院士郝希山说，我国是全球癌症高发区域之一，国人对癌症的认知有四大误区，影响对癌症的早发现、早诊断、早治疗。

避免谈论癌症是首要误区。事实上，了解有关癌症的正确知识，无论对于癌症患者及其家庭还是社会，都十分有益。

癌症没有明显的症状，难以早期发现，是对癌症认识的第二大误区。其实，许多癌症都有独特的"信号"，了解这些预警症状，对于早期发现、早期诊断、早期治疗癌症有明显的益处。

面对癌症束手无策是第三大认识误区。郝希山指出，通过主动积极的预防和干预，保持科学健康的生活方式，至少40%的癌症可以预防。

不可能得到有效治疗，是国人对癌症认识的第四大误区。郝希山指出，当前肿瘤学研究日新月异，通过合理有效的规范诊治，有些癌症患者可以治愈，其他患者的生存质量也可获得不同程度的提高和改善。

事实上，自2006年起，世界卫生组织（WHO）等国际权威机构纷纷改弦易辙，把原来作为"不治之症"的癌症重新定义为可以治疗、控制甚至治愈的慢性病。

如果一段话不能给人带来智慧，带来欢乐，带来鼓励，带来勇气，这段话可以不讲。我提出"重疾不重"也有这方面的考虑。

《中国保险报》：为什么营销员要有"重疾不重"的概念呢？

丁云生："重疾不重"是销售重疾险的基础。如果重疾等同于死亡，那么保险消费者只需要购买寿险产品就可以了。正是由于"重疾不重"，购买重疾险才更有意义。重疾险购买的意义在于弥补因为罹患重大疾病导致的经济损失。

重疾险是健康险的一种。

健康保险保障的核心风险是因健康原因导致的经济损失，包括三个方面：1. 因为疾病或意外伤害导致的医疗费用开支；2. 因为疾病或意外伤害导致不能正常工作或失去工作能力从而带来的收入损失；3. 因为疾病、衰老或意外伤害导致生活不能自理从而带来的护理开支。

这其中第一部分医疗费用开支，按照目前国内的癌症的平均花费来看，30万元是一个比较客观且实际的数字。第三部分的护理开支，按照加拿大癌症协会的统计，会是两倍于医院的开支，如果患者可以存活较长时间的话，那这就是 60 万元。这两部分的 90 万元是纯花销。

《中国保险报》：按照您的说法，重疾险可以弥补医疗费用的损失。

丁云生：重疾险是疾病险，它是以重大疾病是否发生为赔付条件的。医疗险是以是否发生医疗行为为赔付条件的，所以重疾险不是医疗险。重疾险的保险金可以弥补医疗费用的损失，也可以弥补工作收入的损失。

《中国保险报》：作为一名保险消费者，应该购买多少保额的重疾险才合适？

丁云生：如果重疾是可以治疗的，经济问题就非常重要了。

癌症的治疗中有五年存活率的概念。各种肿瘤根治术后五年内不复发，再次复发的机会就很少了，故常用五年生存率表示各种癌症的疗效。那么，购买重疾险，至少需准备五年的年收入作为重疾险保额。

现在的问题是，客户购买重疾险的比例还不够高；已经购买重疾险的客户的保障还存在缺口。所以，"重疾不重"任重道远。

突破保额不足

《中国保险报》：在巡讲过程中，有哪些印象深刻的情景？

丁云生：2013 年 7 月的湖北宜昌近 40℃的高温，上千名业务伙伴在一个没有空调的会议室参加培训，满眼都是挥舞的纸扇。12 月在河北保定的一个县城，上千名客户冒着室外零下近十度的寒冷，待在一个没有暖气的电影院，裹得严严实实坐了一个上午在听我重疾的讲座。营销伙伴们求知的热情非常高涨，这是我能坚持努力做下去的理由之一。

正是伙伴们的这种期望，鞭策我不敢懈怠。去年 4 月 18 日，我要从石家庄赶到沈阳，参加第二天的演讲。飞机晚点了，我在石家庄机场等到凌晨两点，飞机起飞无望。我果断拎包下机，打了一辆出租车直奔首都机场。出租车开了半个多钟头，就见司机一直在那点头，原来他睡着了。我赶紧把老兄拍醒，跟他换了个位置。我当时特别庆幸自己曾经在医院值夜班开夜刀身经百战，庆幸自己当年买的是手动挡的车。在的哥的鼾声中，我开着石家庄的出租车进了北京的二环路。我在微博中写道："原来北京的路灯是五点熄的，原来北京早上也有鱼肚白，原来我可以离牛街的家几百米而不回，原来首都机场的高速五点多也可以堵！T3，希望可以 06：50 准时起飞，希望可以 08：20 准时降落沈阳，希望我没有爽约沈阳！"结果，我做到了！我准时赶到会场，为伙伴们作了重疾险的分享。

《中国保险报》：关于未来的重疾险的发展及重疾险培训，您有什么样的展望及计划？

丁云生：人们购买重疾险固然是为了万一罹患重疾可以获得保险金的理赔，但事实上，人们宁愿不要赔付，也不愿意得重疾。另外患重疾以后，人们除了希望能有资金支持以外，更希望能有一个就诊的绿色通道的服务，提高自己生存的可能。

目前市面上为数不多的能够提供健康管理服务的重疾险产品，都颇受人们的喜爱，甚至出现了客户只要其附带的健康管理服务，不要保额赔付的现象，上演了现代版的"买椟还珠"。

正如德国保险法在十年前就规定，没有健康管理服务的保险不能叫健康险。我国在2012年由保监会公文指示，保险公司可以从保费中拿出10%来购买健康管理服务给客户。相信不久的将来，市面上所有的重疾险都是带有重疾预防、绿色通道以及康复等服务的。

FACI目前已推出了重疾绿通服务，共有健康干预、重疾绿通、康复支持三项功能，通过早期预防、早期治疗、专业协助，加上通过购买重疾险解决财务安排问题，真正帮助客户实现重疾不重！

丁云生讲课所用的"人生与财富"的图表

记者手记：

纪录是用来被打破的。

和丁云生联系，最好的方式就是在微信上留言，无论早晚，他100%会回信。但如果是直接打他的手机，十次有九次是呼叫转移。因为他不是在飞机上，就是在去飞机场的路上；不是在宣讲重疾险的讲台上，就是在去演讲的路上。他总是在不同地方跑来跑去，经常早上联系他还在上海，下午却出现在石家庄，到了晚上又到了青岛。

偶然看到丁云生2013年某月的一个行程单：1日台北，2日台中，3日高雄、台南，4日桃园、台北，6日台中，8日台北（两场），9日台北（两场），10日广州，11日惠州，12日江门，13日石家庄，14日唐山，15日沈阳，16日武汉，17日荆州，18日潜江、仙桃，19日杭州，20日井冈山，21日珠海，26日贵阳，27日贵阳，28日台州，30日青岛。

2013年，丁云生到达过近百个城市。

丁云生就像是时时刻刻上满了发条的永动机一样，不知疲倦地奔波，每到一个地方，他只有一个目的——宣讲重疾险！2013年，丁云生做了149场关于重疾险的演讲，每场的听众都达到上千人。

结识丁云生是在两年多之前，当时《中国保险报》刚刚设立健康版不久，栏目还在逐步建设中。我非常急迫地需要一位在医疗和保险两个领域都比较精通的专业人士的帮助，这时有几位朋友同时推荐了丁云生。丁云生的特点是既可以站在医疗角度看保险，同时又可以站在保险角度看医疗。他将这两个领域融会贯通，往往有独到的见解。

这和丁云生的从业经历密不可分。

丁云生出生于国内医学世家，父母和姐姐都是医生，可以说，他从小是泡在医院里长大的。一心想子承父业，丁云生大学学医。毕业之后，他在北京一家三甲医院胸外科工作了几年，心脏外科手术也参与了近千例。

2002 年，工作顺风顺水的丁云生主动打破了自己平静的生活，他放下手术刀，进入一家外资寿险公司成为一名普通的营销员。医生的经历让他对重疾险有着非同寻常的理解和感悟。他曾创下连续 100 天每天销售一单重疾险的纪录，还发明了重疾险销售工具"财富人生图"。他组建了将近 200 人的团队，团队和个人的业绩均拿过该公司全国第一。他的团队里医学背景的人超过 50 个，他本人经常是上午在保险公司，下午在医院。8 年时间，他的营销员生涯风生水起。

此时，丁云生却再次转身，从前台的重疾险营销转向了后台的重疾险产品开发。他到一家国外保险公司负责中国内地健康险业务的发展。经过两年多时间的历练，他了解和熟悉了保险公司后台有关产品设计、再保险、精算、核保、理赔等业务，也开发了一些新型健康险产品。

丁云生还曾经帮助筹建过一家全国性保险销售服务公司，并出任总经理。

2013 年，丁云生在北京的国贸商圈成立了 FACI 公司，英文全拼是 Face Critical Illness，中文意思：直面重疾。公司专注于重疾险的咨询服务，重大疾病的预防、诊断、治疗、康复及相关器械和药品等相关服务。在此期间，丁云生一直没有停止他宣讲重疾险的脚步。

去年 5 月，丁云生出版了专著《重疾不重》，这是一本关于重大疾病保险销售的工具书。

丁云生数度转身，在重疾险领域层层深入。他不知疲倦地为着理想和目标而奔波，不断创造纪录，又不断打破纪录。每当他创造一个人生新的纪录时，他就告诉自己——纪录是用来被打破的。

大病发生率提高　消费型重疾险价格或看涨

"从临床数据看，近年来大病发生率提高了，因此消费型重疾险的价格有可能提升。"有业内人士向记者表示。

不久前，中国保监会刚刚发布了《中国人身保险业重大疾病经验发生率表（2006～2010）》。作为中国人身保险业的第一套重大疾病经验发生率表，采用了高达7500万条的样本保单量，提供了非常宝贵的高质量"保险大数据"。由此，也引发了人们对重疾险价格变化的种种猜测。上述人士认为，消费型重疾险的价格可能会提升，但对于目前市场上占主流的返还型重疾险来说，由于受预定利率放开的影响，价格可能会下降。

产品开发有表可依

"新重疾表提供了各年龄重疾死亡占总死亡的比率，有利于寿险公司精细化定价和评估，寿险公司再研发新的重疾险产品很可能将其作为精算依据。"某寿险公司产品部人士在接受《证券日报》记者采访时表示，新的重疾险产品可能调整费率，也可能改变保障责任，不同公司之间的差异会比较大，新产品明年就可能陆续上市。

多家保险公司在谈到重疾险新产品时都避免涉及价格的变化，他们普遍表示，不能简单地理解为上涨或下调。重疾险定价要考虑多项因素，除了重疾发生率外，至少还要受到费用率、利润率等因素的影响。但他们普遍认为，新推出的重疾险将更有针对性，客户群可以进行更有效的细分。

合众人寿有关负责人就表示，该公司正在开发一个优选重大疾病保障组合项目，通过准确分析客户的体检报告，评价客户的风险状况，按照客户不同的风险状况收取保费，使得身体状况好的客户可以获得更为实惠的价格。

信诚人寿方面也表示，希望借助新重疾表对国内保险人群重疾经验数据的研究成果，精细化健康险类产品的开发，特别是针对特定目标客户群的细分市场产品。

客户定位有所差异

业内人士表示，在考虑重疾险价格变化的时候，要考虑各家保险公司的不同情况。

在我国第一套重疾表发布之前，国内保费规模排名在前的大型寿险公司已经积累了基于本公司客户定位的重疾发生率的数据，各家公司的情况都不尽相同。比如某家在养老地产方面非常引人关注的大型寿险公司，它的重疾险理赔中癌症理赔占比不足七成。而在一家以北上广等发达城市的客户群为主的保险公司，它的癌症理赔占比超过九成。各家大型保险公司在设计新产品的时候，会按照自己的客户定位，依照自己的重大疾病发生率来核定相关费率。有业内人士分析，对于大型保险公司来说，客户定位更宽泛，保险客户群覆盖面以及渗透率更广更深，总体上看，即使在某个年龄段或许有些许偏差，其重疾的经验数据与这次全国的数据会大体一致。

"当然对于中小型的保险公司，尤其是开放的城市受限制的外资保险公司，这次的重疾经验数据可能更多是参考意义。"该人士表示。

发病率影响哪类重疾险

"消费型重疾险主要受发病率影响，随着重大疾病发病率的提升，其价格有可能提升。"丁云生一直致力于研究重疾险，他这样认为。

以癌症为例，我国近20年来癌症呈现年轻化及发病率和死亡率"三线"走高的趋势。

北京市卫生局一项统计数据显示，2001 至 2010 年，北京市肺癌发病率增长了 56%。全市新发癌症患者中有 1/5 为肺癌患者。专家表示，我国城市人口的肺癌发病率已接近发达国家水平。男性发病率高于女性，北京新发肺癌患者男女比例为 160 比 100。

宣武医院胸外科主任支修益说，肺癌发病的增加与人口老龄化、城市工业化、农村城市化、环境污染化以及生活方式不良化有关。

"返还型的重疾险产品会更多地受到预定利率放开的影响，价格将会降低。"丁云生表示，香港保险业每年的保费中，内地的占比日益增加，主要原因还是价格。香港的重疾险价格之所以比内地有明显优势，虽然跟疾病发病率、平均寿命有关，但最主要还是因为寿险预定利率。

选自《中国保险报》

重疾险"足额投保"很重要 保额应为年收入的 5 倍

"目前，在寿险和健康险领域普遍存在客户投保不足额的现象。"平安人寿理财规划师郝女士告诉记者。

5 年前，郝女士的客户刘先生投保了 10 万元人寿保险，同时附加了 5 万元重大疾病保险。不久前，40 岁的刘先生被查出罹患恶性肿瘤，他在面临高额医疗费的同时，又面临着因为停止工作带来的收入减少。虽然保险公司很快将 5 万元保险金送到刘先生手中，他依然为自身的经济状况感到担忧。

"罹患重大疾病的患者会有很大的心理压力，如果再为医疗费用忧心忡忡，那真是雪上加霜。"在医院工作的张先生说。

郝女士介绍说，刘先生就是投保不足额的一个典型代表。5 年前，刘先生的年收入大约是 20 万元，郝女士为他做了一份寿险保额和重疾险保额均为 50 万元的保险计划，然而刘先生犹豫再三，还是将寿险的保额降低到了 10 万元，重疾险的保额降到了 5 万元。

在郝女士接触到的投保人中，不足额投保的情况很多。因此，她经常向客户宣导足额投保的概念。"许多客户会考虑到高额的医疗费用，不过除医疗开支外，很多人会忽视重疾给家庭经济带来的其他影响。比如，长期病假或辞职养病而导致的收入损失，康复调理期间的营养费、护理费，家庭正常生活运转的固定开销等等。这些支出都会因为家庭收入锐减而给家庭的经济造成巨大负担。"郝女士表示。

郝女士建议，应该根据保险客户的年收入水平和个人收入对家庭总收入的贡献度来确定重疾保额。"对于年收入在 20 万元以上的投保人，特别是家庭的主要经济支柱，我建议保额可以达到 50 万元，这样才不会因家庭经济支柱身患重疾造成生活品质严重下降。"

《重疾不重》的作者丁云生有着医学界和保险界双重背景，他表示，"足额投保的保额应该是年收入的 5 倍。"按照这样的标准，上述刘先生的保额应该在 100 万元左右。

丁云生表示，重疾险的保额是年收入的 5 倍是有依据的。

医学界为了统计癌症病人的存活率，采用五年生存率作为标准。

五年生存率是指某种肿瘤经过各种综合治疗后，生存五年以上的比例。用五年生存率表达有其一定的科学性。某种肿瘤经过治疗后，有一部分可能出现转移和复发，其中的一部分人可能因肿瘤进入晚期而去世。转移和复发大多发生在根治术后三年之内，约占 80%，少部分发生在五年之内，约占 10%。所以，各种肿瘤根治术后五年内不复发，再次复发的机会就很少了，故常用五年生存率表示各种癌症的疗效。

"癌症患者在治疗后五年内及其后，需要定期复查，积极配合医生治疗，才可使自己健康长寿。这五年很重要，如果常常为医疗费用或收入情况担忧，不利于身体的恢复。投保重大疾病保险的保额如果是年收入的 5 倍，就能比较好地解决这一问题。"丁云生说。

恶性肿瘤、心脏病、脑血管等重大疾病的治愈率逐年提高。"重大疾病的存活率在不断提高，我们没有理由选择放弃，应该未雨绸缪，为自己准备足够的风险基金，应对不断上涨的医疗费用和治疗期间的收入损失。"丁云生表示。

健康险税优试点　险企期待细则落地

5月6日，被保险行业呼唤多年的健康险个税优惠政策终于获批。

国务院总理李克强在当天主持召开的国务院常务会议上决定，开展个人所得税优惠政策试点，对个人购买这类保险的支出，允许在当年按年均2400元的限额予以税前扣除。"国家出台这个政策当然是为了鼓励民众积极购买商业健康保险，增强自我保障的能力"，多位保险行业人士告诉经济观察报，从行业角度来讲，税优政策对健康险行业是一个重大利好，最显而易见的便是保费有望快速提高。

然而，值得注意的是，目前健康险税优政策进入到实操层面还有很多细则尚待落地。"团体健康险中，员工是否能够享受到政策的优惠成为大家关心的焦点。"

此外，此次税优政策对于健康险公司普遍的亏损现状起到的改善作用并不被看好。"健康险公司要健康的发展，必须要真正地对疾病的预防、治疗、康复起到作用，从德国的健康险发展来看，任何一款不包括健康管理服务的健康险都不能算是真正意义上的健康险。"被誉为"中国重疾险之父"的丁云生对经济观察报表示。

税优力度有多大

对于2400元的限额税前扣除，一位专业健康险公司人士表示，以健康险里的主流重疾险为例，一位30岁以下的顾客，用2400元可以买到消费类重疾险50万以下的额度，以社保最高赔付37万元封顶计算，其需要补充的医疗费用在 30 万左右，所以从消费类型作为补充医疗的角度，这个额度是足够的；而如果该顾客要购买 30 万额度返还类型的重疾险，2400 元大约覆盖了其保费的 30%。

丁云生表示，一般人认为重疾险只要购买到能够覆盖看重疾的费用就可以了，但是重疾险的发明不只是为了医药费用，更重要的是能够保护客户将来患重疾如癌症之后有更多的机会挺过五年。因为在医学上有个癌症五年生存率的概念：癌症患者在被诊断为癌症的五年后依然生存，那么他生存的概率理论上讲与我们一般人相仿，"所以客户最好能够赔付到能够挺过五年的工作收入损失"，这样他就更容易挺过五年了。让罹患重疾的患者获得更多生存的可能、获得生的希望，是保险伟大之所在。

正因为此，丁云生认为，如果根据所购买健康险占收入的比例来免税，更能达到上述目的。对于如今的免税力度，他直言不讳，"优惠幅度低于预期，预期应该不低于 10 元 / 天，3650 元 / 年，这应该是商业保险的基础额度。"而更重要的是，出台前被看好的退税的方式，最后一刻被税前扣除替代，很遗憾。"这更直观，人们购买健康险的行为更容易被唤醒。"

不过一位保险业资深人士认为，"这次优惠政策的力度相当大。"因为我国人均保费是很低的，尚处于千元水准，保险密度和保险深度都在世界排名很后，而本次优惠政策惠及最少上亿人，国家财政将会是一个相当大力度的让利。

明亚保险经纪市场部经理卫江山告诉经济观察报，根据其初步匡算，以税前月薪 10000 元为例，按照社保常规档计算，如果每年将 2400 元的抵税额度用尽，每年可以少缴纳个税 240 元。"对于中产来说是个好消息，但是对于低收入者的补贴实际上还不够。比如月薪本来就少于 3500 元，没有到个税起征点的话，那这个政策对他们实际上是没有利好的。"他提醒道。

团险争议

实际上，目前健康险税优政策还只是国务院常务会议上的一个决定，进入到实操层面还有很多细则尚待落地。"执行的出口应该在团体健康险吧。"上述专业健康险公司人士认为。然而这也是行业分歧最大的地方，"理论上讲，单位购买的团体健康险，员工是不能享受到这个税优政策。"多位业内人士表示。

"目前单位员工福利中，最主要的一部分就是团体健康险，如果这部分健康险能够享受到这个税优政策，可以促进中小微企业加大对于这方面的投入。"一位大型寿险公司的销售总监告诉经济观察报。现在企业在给员工购买补充保险时，员工是要缴纳个人所得税的，因此很多企业都在考虑怎么去帮员工避税，比如分期给保险公司付款，如果购买团体健康险的员工能够享受到税优政策的话，不仅企业省事，员工也更容易接受。

上述销售总监透露，目前市场上，个人是没办法购买综合医疗保险（因疾病导致的门诊和住院费用）的，多是通过团险的形式由企业统一给员工采购，这一块也是企业和员工目前所青睐的。"但是对于员工自己购买的健康险保单，很多企业的财务部门是不愿意帮助他跟税务部门作税优处理的，因为这跟公司工作没有关系。"她说。此时个人如何来享受到税优就是一个很大的问题，因为企业在给员工发工资时已经代扣了个人所得税，"很多员工更倾向于企业代扣个税时享受税优，而不是自己去找社保局退税等。"

不过，"团险中发票只是开具给投保人，也就是投保企业，目前还没有听说有保险公司给团险中的每个员工都开具发票，所以员工应该不能享受到这个优惠。"卫江山说。

对此，上述销售总监也表示困惑，团险既然是单位购买的，为什么还扣员工的个人所得税呢？既然扣了个税，那么是不是可以看作是员工自己购买的而享受税收优惠呢?

当然, 对于新政策的落地方式, 方案不只一种。"现在有的地区就能够用社保卡里的钱去购买健康险, 这也是一种形式。"上述专业健康险公司人士说。最能够促进人们购买健康险的方式, 应该是优惠能够与自身保费挂钩, 比如客户只要是购买健康险, 就直接从保费上便宜 30% 或者 2400 元。

险企调策略

显而易见, 要解决这些困惑, 还有待更多细则出台。实际上, 健康险税优政策一出, 最忙碌的还是保险公司。"政策出台后, 保险公司的险种调整策略会有一定的变化, 现在市场上占大头的还是分红险, 传统健康险占比很低, 以后这块占比应该会上升。"卫江山预测。

上述保险业资深人士表示, 健康险公司相继成立, 至少也成立了健康险部, 就说明保险公司已经在应对即将出台的税优政策。"除了短险外, 长险也是公司力拼的, 毕竟长险的价值比较高, 资金来源稳定, 有利于公司的资金运作。短险是公司开拓团体客户的手段, 而长险则是占领市场的武器, 尤其是中高端客户市场。"

而据丁云生介绍, 很多保险公司都在将消费型和返还型的健康险混在一起打包, 以指望政府通过, 因为他们会担心并不是所有的健康险都能够享受税收优惠, 可能只有消费类型的健康险能够享受到税收优惠。

"如果政府真的是做纯消费型的健康险, 我觉得这倒是个好事情。"丁云生表示。现在保险公司卖的多是消费型医疗险, 对于消费型重疾险卖得很少, 如果政府只对消费型健康险给予税优, 这对于消费型重疾险是一个推动。

据经济观察报了解,针对新政策,很多保险都在积极研讨中。据上证报报道, 这项税优政策并不是针对现有的健康险产品, 而是在保险监管部门统一协调下,由中再保险公司牵头、各保险公司参与，共同打造适合大众的综合性商业健康保险，最终的产品形态可能是一个包括医疗、重疾、失能等不同责任范围的组合型产品。目前，相关工作正在紧锣密鼓进行中。

那么，一个更关键的问题来了，健康险税优政策的落地，能够对健康险公司普遍的亏损现状起到改善作用吗？

"最明显的效果应该是，大家的购买欲望被刺激，健康险的保费会快速增长。"多位业内人士都这样认为。但是距离健康险公司止损还有一段距离。

据上述专业健康险公司人士介绍，人保健康与政府合作的"平谷模式"之所以亏钱，是因为只做了平谷一个地方，而平谷的医疗费用一直都很高，人保健康有一个团队在做过度医疗的管理和监察，已经用科学的手段大大地减少了挂床现象，也因此每年的理赔数据都是在下降的。

上述专业健康险公司人士透露，如今人保健康正在北京市遍地开花，目前已经在顺义、密云开展了业务。"此外，人保健康旗下今年还要成立一家健康管理公司，未来的健康管理都由这家公司去做，目前已经在筹建中，预计今年内能落地成行。"

重疾险 3D 训练营三天纪实

重疾险 3D 训练营第一天纪实（2015.6.5）

2015 年 6 月 5 日，是重疾险 3D 训练营北京站第十二期开营的日子，这是重疾险 3D 训练营的总第 28 期。2015 年 5 月 22 日～24 日，重疾险 3D 训练营总第 26 期，北京站；2015 年 5 月 30 日～6 月 1 日，重疾险 3D 训练营总第 27 期，广州站。昨天开营的第 28 期是连续第三个星期的重疾险 3D 训练营。丁老师说，今年是中国健康险的元年，因为不管是保监会主席还是普通的销售人员都对健康险、对重疾险有了更多的关注。重疾险 3D 训练营的火爆就顺应了这种潮流。

本次来参加重疾险 3D 训练营的伙伴，分别来自广东、广西、深圳、山东、北京等地，其中大部分是保险公司的业务人员，也有来自银行的理财经理。

广西平安来了近百位业务伙伴，分三个批次乘飞机飞来北京参训。尽管第三批的伙伴因为飞机延误凌晨三点多才到酒店，今天还是一个不落地把课程坚持了下来。广西平安本次来参训的伙伴，很多都是自费参加，除了 3800 元的学费以外，还要承担 3000 多的差旅住宿费。今天课程结束，有伙伴和我说，来之前觉得费用有点多，但听完第一天的课后，觉得来得太值了。有一位伙伴身体不舒服，今天吃饭只能喝粥，我劝她多喝点水，她说不敢喝，怕喝多了上厕所错过课程的内容。我们的课程赶上电影大片了，全程无尿点啊。

中宏山东已经是第 N 次有人来参加训练营了。几乎从去年北京站第三期开始，中宏山东每期都有伙伴过来参训。那么，他们为什么要来呢？请不要忘了，重疾险 3D 训练营举办的目的就是要高效、持久地提升重疾险产能。参训后目的达到了，自然有更多的伙伴过来参加。

课程中间接到了一位伙伴打来的电话，她本来报名参加训练营，但因为周末带孩子的原因，一直没有过来。她说 7 月份的班她一定要来参加，因为看了丁老师的书，已经收益不少了，必须要过来强化一下。同时，她引荐我们去她们公司作宣导，她希望更多的伙伴知道开班的信息。

深圳国寿蛇口团队分三批先后有 100 多人参加过广州站的重疾险 3D 训练营，据信总统计，参训后伙伴的重疾险产能提高到了原来的 400%。在本次北京站期间，不时收到深圳国寿伙伴报名 7 月份广州班的消息，看来他们的第四批已经准备要来了。

今天的课程照例是丁老师和李医生主讲，一样的是结束后学员围住丁老师合影留念。为什么他们要和丁老师合影呢？实际上他们崇拜的是一种对重疾险坚定的信仰，丁老师只是这种信仰的载体。

人们常说保险是伟大的，但如果保险只是得病后赔一笔钱或者到期后领取一笔钱，说伟大就太牵强了。只有保险能给人带来一种生的希望，带来生存的可能性，说伟大才说得过去。那么你该如何看待保险带来的更多生存的可能性呢？来参加重疾险 3D 训练营吧，寻找你的答案。

有伙伴在今天的课后总结说，很感谢丁老师，很感谢所有的老师们，带她走入了重疾不重的大家庭。没错，we are family，因为有你，所以重疾不重。

奔跑吧，兄弟！

重疾险 3D 训练营北京站 12 期合影

重疾险 3D 训练营第二天纪实（2015.6.6）

重疾险 3D 训练营每一期的第二天都是最忙碌的一天，在这一天几位来自专科医院的医学专家会作关于重疾的分享，他们会从医生的角度，告诉你如何去做到病前、病中、病后的综合性健康管理，最后学员要做两天课程的考试、回顾与研讨，这一期也不例外。昨天，来自中国医学科学院肿瘤医院的张宗敏主任、首都医科大学临床肿瘤中心的赵霞主任、北京大学肿瘤医院的邢加迪主任以及军事医学科学院的段海峰教授分别就甲状腺癌、乳腺癌、胃癌、大肠癌和肿瘤的细胞免疫疗法作了专业的解读。

学员从中学到的是：对于癌症，如何早预防，如何早发现、早诊断、早治疗，如何规范治疗，如何康复，才能做到最大限度的延长生命、提高生活质量。人世间的事，除了生死，都是小事。带着对生命的敬畏和尊重，你才能真正理解"重疾不重"这四个字的含义。有学员在微信群里反馈，尽管段教授带来的细胞免疫疗法是前沿科技，很多资料和数据都取自国外的刊物，但我们听后知道，即使是晚期癌症患者，也有治愈的希望，前提是他要有钱去治。

最后的讨论环节，大家更是各抒己见。但大家表达的意思是一样的，那就是：重新认识重疾险，重疾险不是医疗险，是疾病险，是收入损失险，客户购买重疾险是客户重大疾病风险管理的一部分，还要做到早预防、早发现、早诊断、早治疗、规范治疗。FACI 对于实现重疾不重提供了很多帮助，比如《重疾不重》的书、重疾不重 APP、重疾险 3D 训练营、重疾绿通卡等等。明白了这是一个整体，你就不难理解很多伙伴在参训期间购买大批的《重疾不重》书本以及重疾不重APP 了。

是一种使命感，是一种对生命的尊重，是一种感恩的心，让更多的伙伴加入重疾不重的大家庭。重疾不重，加油。

重疾险 3D 训练营第三天纪实（2015.6.7）

重疾险 3D 训练营北京站第 12 期（总第 28 期）结训了。115 位伙伴共同在北京学习交流了三天，我们欣喜地看到他们对于重疾险观念的改变，以一种积极的心态面对重疾，以一种全局的角度规划重疾险，以一种虔诚的信仰加入重疾不重的大家庭，相信他们的重疾险保额一定会提升，件数一定会增加。

第三天的课程回归到重疾险的销售部分，划分客户类型、研究客户肢体语言表示的含义、分析客户的问题原因、解决客户的需求，总之，我们尽可能地提供销售的思路和技巧，期望可以辅助重疾不重的心法，助力大家提升重疾险产能。

来自广西的伙伴在晚上七八点钟的时候刷爆了朋友圈，他们明天才会飞回广西，培训结束他们都遍布了北京城的各个景点，天安门、后海、清华北大、鸟巢水立方等等，吃北京特色小吃，游览北京城。同时，我们也看到在晚上回酒店之后，他们纷纷对我们的培训作了总结，有的伙伴这样写道：培训的日子很短暂，第一次有了培训后恋恋不舍的感觉，回去之后我要加油，重疾不重，加油。

有伙伴因为没有听完整财富人生图的讲解，用让我带着吃北京小吃的名义，让我讲解财富人生图。在后海路边的花坛上，我边画图边讲解，她们认真倾听，用手机录音，画面太美我都不敢看。

最后一天丁老师来参加了结训仪式，和大家照了大合影，这算是本期训练营的彩蛋了吧。以往丁老师第一天讲完课之后，马上就会飞往下一个城市，恰好这一次他还在北京。最后送上大合影以及学员的分享，预祝所有伙伴参训后提升自我，超越过往，在重疾不重的大家庭里，成长、快乐。

因为有你，所以重疾不重！

重疾不重公共微信

早预防

1. 瑞尔口腔关爱卡。健康的牙齿对心血管健康大有益处，保持口腔清洁，可以预防胃癌、心脏瓣膜病。

2. 健康自测问卷。通过大数据了解更多人的选择。

3. 青梅精、祁门红茶，都有防癌功效。

早诊早治

1. 重疾会诊。提供重大疾病的二次会诊及联系住院手术的服务。

2. 心电监测仪。经常有这种情况：心脏不舒服了，去医院后查心电图又没事了。这台设备可以随时随地查心电图，后台有强有力的医疗团队支持。

3. 胃肠镜检查直通车。用住院方式安排至首都医科大学临床肿瘤中心做胃肠镜检查。

4. 哈佛影像体检。在国内做影像体检，由哈佛大学医学院附属医院等地的美国专家出报告。

5. 肿瘤超早期预警监测。

3D 报名

1. 重疾险 3D 训练营报名。

2.《重疾不重》等书的购买。

以上这些都在重疾不重公共微信底部链接可以找到。

重疾不重公共微信，每天推送重大疾病和重疾险的相关资讯。

《重大疾病保险知识问答》

中国保险行业协会　中国医师协会

前　言

　　为深入宣传和普及重大疾病保险知识，便于消费者了解重大疾病保险，并结合自身需求选择合适的保险产品，我们编写了《重大疾病保险知识问答》，以通俗化的语言，深入浅出地介绍重大疾病保险的相关知识，为广大消费者提供一定的参考。

　　　　　　　　　　　　　　　　　　　中国保险行业协会　中国医师协会
　　　　　　　　　　　　　　　　　　　2007 年 3 月

目　录

一、重大疾病保险常见疑问与解答

1. 什么是重大疾病保险？

重大疾病保险是当被保险人在保险期间内发生保险合同约定的疾病．达到约定的疾病状态或实施了约定的手术时，给付保险金的健康保险产品。重大疾病保险的根本目的是为病情严重、花费巨大的疾病治疗提供经济支持。

2. 重大疾病保险有什么保障功能？

重大疾病保险所保障的"重大疾病"通常具有以下两个基本特征：一是"病情严重"，会在较长一段时间内严重影响到患者及其家庭的正常工作与生活；二是"治疗花费巨大"，此类疾病需要进行较为复杂的药物或手术治疗，需要支付昂贵的医疗费用。

重大疾病保险给付的保险金主要有两方面的用途：一是为被保险人支付因疾病、疾病状态或手术治疗所花费的高额医疗费用；二是为被保险人患病后提供经济保障，尽可能避免被保险人的家庭在经济上陷入困境。

3. 重大疾病保险的发展历程是怎样的？

重大疾病保险于 1983 年在南非问世，是由外科医生马里优斯·巴纳德最先提出这一产品创意的。他的哥哥克里斯汀·巴纳德是世界上首位成功实施了心脏移植手术的医生。马里优斯医生发现，在实施了心脏移植手术后，部分患者及其家庭的财务状况已经陷入困境，无法维持后续康复治疗。

为了缓解被保险人一旦患上重大疾病或实施重大手术后所承受的经济压力，他与南非一家保险公司合作开发了重大疾病保险。

1986 年后，重大疾病保险被陆续引入英国、加拿大、澳大利亚、东南亚等国家和地区，并得到了迅速发展。

1995 年，我国内地市场引入了重大疾病保险，现已发展成为人身保险市场上重要的保障型产品。

重大疾病保险在发展过程中，保障范围逐渐扩大，保障功能日趋完善，但该类产品的设计理念一直延续至今。

4. 重大疾病保险属于哪一类健康保险产品？

健康保险是指保险公司通过疾病保险、医疗保险、失能收入损失保险和护理保险等方式对因健康原因导致的损失给付保险金的保险。

疾病保险是指以保险合同约定的疾病的发生为给付保险金条件的健康保险。

医疗保险是指以保险合同约定的医疗行为的发生为给付保险金条件，为被保险人接受诊疗期间的医疗费用支出提供保障的健康保险。

失能收入损失保险是指以因保险合同约定的疾病或者意外伤害导致工作能力丧失为给付保险金条件，为被保险人在一定时期内收入减少或者中断提供保障的健康保险。

护理保险是指以因保险合同约定的日常生活能力障碍引发护理需要为给付保险金条件，为被保险人的护理支出提供保障的健康保险。

从重大疾病保险的起源、发展和特点，以及重大疾病保险承担的主要保险责任来看，它归属于疾病保险。重大疾病保险金给付的判断标准为被保险人在保险期间内是否发生合同约定的疾病、达到约定的疾病状态或实施了约定的手术，与被保险人发生的实际医疗费用无直接关系。

5. 重大疾病保险是否能够满足被保险人全面的健康保险需求？

重大疾病保险产品是健康保险中疾病保险产品的一种。该保险产品只有在被保险人发生合同约定的疾病、达到约定的疾病状态或实施了约定的手术时，才能给付保险金。因此，重大疾病保险不能满足被保险人所有的健康保险需求，配合其他类型的健康保险产品或健康保障计划，被保险人才能得到比较全面和完善的健康保险保障。

6. 重大疾病保险归属为疾病保险，为什么会有手术方面的保障责任？

重大疾病保险之所以会有手术方面的保障责任，一是需要实施这类手术的疾病具有病情严重、治疗花费巨大的特点，这和重大疾病保险的产品定位是一致的；二是最初的重大疾病保险就包括了手术保障责任，这一特征得到了保留和发展。因此，重大疾病保险中所称的疾病，是指合同约定的疾病、疾病状态或手术。

7. 本次我国保险行业对哪些重大疾病保险的疾病定义进行了统一和规范？

在本次定义制定工作中，中国保险行业协会与中国医师协会合作，根据成年人重大疾病保险的特点，对我国重大疾病保险产品中最常见的 25 种疾病的表述进行了统一和规范，这 25 种疾病的名称如下：

◆恶性肿瘤 & 不包括部分早期恶性肿瘤

◆急性心肌梗塞

◆脑中风后遗症 & 永久性的功能障碍

◆重大器官移植术或造血干细胞移植术 & 须异体移植手术

◆冠状动脉搭桥术（或称冠状动脉旁路移植术）& 须开胸手术

◆终末期肾病（或称慢性肾功能衰竭尿毒症期）& 须透析治疗或肾脏移植手术

◆多个肢体缺失 & 完全性断离

◆急性或亚急性重症肝炎

◆良性脑肿瘤 & 须开颅手术或放射治疗

◆慢性肝功能衰竭失代偿期 & 不包括酗酒或药物滥用所致

◆脑炎后遗症或脑膜炎后遗症 & 永久性的功能障碍

◆深度昏迷 & 不包括酗酒或药物滥用所致

◆双耳失聪 & 永久不可逆

◆双目失明 & 永久不可逆

◆瘫痪 & 永久完全

◆心脏瓣膜手术 & 须开胸手术

◆严重阿尔茨海默病 & 自主生活能力完全丧失

◆严重脑损伤 & 永久性的功能障碍

◆严重帕金森病 & 自主生活能力完全丧失

◆严重Ⅲ度烧伤 & 至少达体表面积的 20%

◆严重原发性肺动脉高压 & 有心力衰竭表现

◆严重运动神经元病 & 自主生活能力完全丧失

◆语言能力丧失 & 完全丧失且经积极治疗至少 12 个月

◆重型再生障碍性贫血

◆主动脉手术 & 须开胸或开腹手术

8. 在这次重大疾病保险的疾病定义制定工作中，为什么要确定必保疾病？

从世界各国的经验来看，重大疾病保险所保障的多种疾病中，发生率和理赔率较高的疾病集中在三至六种，这些疾病对重大疾病保险产品的价格影响最大。为保护消费者权益，充分发挥重大疾病保险的保障功能，本次疾病定义制定工作确定，在行业统一定义使用后，以"重大疾病保险"命名、保险期间主要为成年人阶段的保险产品，其保障范围必须包括 6 种必保疾病：

◆恶性肿瘤 & 不包括部分早期恶性肿瘤

◆急性心肌梗塞

◆脑中风后遗症 & 永久性的功能障碍

◆重大器官移植术或造血干细胞移植术 & 须异体移植手术

◆冠状动脉搭桥术（或称冠状动脉旁路移植术）& 须开胸手术

◆终末期肾病（或称慢性肾功能衰竭尿毒症期）& 须透析治疗或肾脏移植手术

我国保险市场上已经售出的大多数重大疾病保险产品包含这些疾病保障责任。

9. 投保重大疾病保险时要注意什么？

首先，消费者应该根据需求认真选择合适的重大疾病保险产品，遇有不明白的地方可向业务员或保险公司咨询。

其次，决定投保重大疾病保险后，需回答个人健康及家族病史等与投保有关的问题，投保人和被保险人一定要仔细阅读并如实填写投保单。如果相关情况没有被如实告知保险公司，将来申请给付保险金时可能无法得到保险保障。

最后，投保人和被保险人一定要在投保单相应落款处签上自己的名字，没有投保人和被保险人的亲笔签名，往往会引起纠纷。

10. 投保重大疾病保险后要注意什么？

投保人在收到保险合同后应再次仔细阅读合同的具体内容，对合同有疑异的地方可以向业务员或保险公司咨询。重大疾病保险通常设有10天的犹豫期（犹豫期的起始日为投保人书面签收保单日），投保人若发现购买的产品与自身需求不相符时，在犹豫期内退保，保险公司会全额或在扣除保单工本费后无息退还已交保险费，并且自始不承担保险责任。投保人若在犹豫期后退保，将会有较大的费用损失。

如果投保人选择分期缴纳保险费，为保证保单的有效性，投保人要按期缴纳保险费，逾期未缴保险费，超过60天的宽限期后，保险合同效力中止。在保险合同效力中止后两年内，投保人可以向保险公司申请恢复合同效力，保险公司做出是否同意复效的决定，双方协商并达成协议，投保人补交保险费后，合同效力恢复。自合同效力中止之日起二年内双方未达成协议的，保险公司有权解除合同。

11. 如何申请给付重大疾病保险金？

重大疾病保险合同中均有"保险金申请"条款，在发生合同约定的保险事故后，应及时通知保险公司，并按"保险金申请"条款中的要求，准备相关资料向保险公司申请给付保险金。需要提供的与确认保险事故有关的证明和资料主要包括保险合同、被保险人身份证明、专科医生诊断证明等。

二、国外重大疾病保险的行业疾病定义制定情况

为了保证重大疾病保险中的疾病定义与医学发展紧密衔接，减少各保险公司独自更新疾病定义而带来的差异，便于消费者准确深入地了解产品，一些国家的保险行业制定了重大疾病保险的疾病示范定义。目前，国外已制定并使用行业统一示范定义的国家有英国、新加坡和马来西亚。疾病定义的制定及使用对促进重大疾病保险在这些国家的健康发展起到了积极作用。

英国保险行业协会（Association of British Insurers，简称 ABI）的重大疾病保险疾病示范定义制定工作较为系统、全面。1994 年，英国开始制定并使用 6 种必保疾病的示范定义。随着重大疾病保险保障疾病数量的增多及经营主体的增加，ABI 于 1999 年发布了《重大疾病保险最佳操作指引》（以下简称《指引》），并确定每三年修订一次。2002 年，ABI 对《指引》进行了第一次修订。2005 年，ABI 组织了第二次修订，并于 2006 年 4 月颁布最新版《指引》。

三、我国重大疾病保险的疾病定义制定工作情况

1995 年重大疾病保险引入我国内地市场，经过了十多年的发展，现已成为人身保险市场上重要的保障型产品。随着经营主体的不断增多，各家保险公司制定的重大疾病保险的疾病定义（以下简称"重疾定义"）存在差异，客观上，给消费者比较和选购产品造成不便，也容易产生理赔纠纷。

该问题引起了中国保监会的高度重视，为保护消费者权益，2005年底，中国保监会要求中国保险行业协会研究制定行业统一的重疾定义。随后，在中国保监会的指导下，中国保险行业协会成立了重疾定义制定办公室，与中国医师协会合作开展了重疾定义的制定工作。经过一年的努力工作，中国保险行业协会和中国医师协会在充分研究我国重大疾病保险自身发展特点及医疗行业的实际情况，借鉴国际先进经验的基础上，共同制定了适合我国保险市场的、有中国特色的重疾定义及《重大疾病保险的疾病定义使用规范》（以下简称"《使用规范》"）。《使用规范》是我国针对重大疾病保险建立的第一个行业规范性操作指南。

为保护消费者权益，本次制定的行业统一的重疾定义及《使用规范》，具有以下六个特点：

第一，根据成年人重大疾病保险的特点，对重大疾病保险产品中最常见的25种疾病的表述进行了统一和规范。

第二，明确以"重大疾病保险"命名、保险期间主要为成年人阶段的保险产品，其保障范围必须6种必保疾病。

第三，对重大疾病保险产品涉及到的保险术语制定了行业标准。

第四，对重大疾病保险的相关除外责任进行了规范。

第五，对重大疾病保险条款和配套宣传材料中所列疾病的排列顺序提出规范性要求。

第六，借鉴英国2006年4月发布的最新版《指引》，对重大疾病保险宣传材料中的疾病名称进行规范。我国是继英国之后第二个对此进行规范的国家。

中国保险行业协会将建立常设机构，研究重大疾病保险相关疾病医疗实践的进展情况，并组织人员定期对重疾定义及《使用规范》进行修订。

后　记

　　圈内熟识多年的一个老朋友在看了我的《重疾革命》书稿后说，老丁，你能不能把重疾的命、重疾险的命革了我不知道，但我现在就能确认的是你这是在革自己的命啊！

　　听他这么说，我才终于松了口气！

　　终于没有白忙乎这段时间！

　　其实我一直担心，是否能够百分百、没有走样地把我对重疾风险管理以及重疾险的看法跟读者传递。

　　这三年，在近百个城市做了近五百场演讲，与近三十万客户以及业务人员进行面对面的交流，让我收获很多，于我而言，这是非常宝贵的财富。

　　未来，除了现场演讲、出书以外，希望自己有机会可以做一个安安静静的"产品经理"，整合更多医疗健康资源，把重疾不重的早预防、早诊断、规范治疗、康复、财务安排等一一落实，真正地把重疾不重的理论落到实处！

　　重疾是要命的事儿！

　　除非先下手为强，先去要了重疾的命！对重疾进行预防、早诊、规范治疗及康复和财务支持。

德国保险法在十年前就已经规定，任何一款健康险必须包含健康管理服务。

不能把"只是对患癌症、做心脏手术赔钱的保险"也叫健康险了！

重疾革命，让我们先从革重疾险的命开始吧！